股市赢家

操盘跟庄实战技法

纪洪涛　周　正 / 著

清华大学出版社

北京

内 容 简 介

本书从主力与散户的角度，围绕"看透主力，远离亏损"的主题，详细讲解了散户必须明白的主力思维。通过解析跟庄的"吸、拉、派、落"四个环节，让读者从市场逻辑和主力思维的角度全面掌握跟庄操盘的实战技法，达到"与庄共舞"的操盘境界。

图书在版编目（CIP）数据

股市赢家：操盘跟庄实战技法 / 纪洪涛，周正著. —北京：清华大学出版社，2021.3
ISBN 978-7-302-57477-4

Ⅰ．①股… Ⅱ．①纪… ②周… Ⅲ．①股票投资－基本知识 Ⅳ．① F830.91

中国版本图书馆 CIP 数据核字（2021）第 021489 号

责任编辑：杜春杰
封面设计：刘　超
版式设计：文森时代
责任校对：马军令
责任印制：杨　艳

出版发行：清华大学出版社
　　　　网　　　址：http://www.tup.com.cn，http://www.wqbook.com
　　　　地　　　址：北京清华大学学研大厦 A 座　　　　邮　　编：100084
　　　　社 总 机：010-62770175　　　　邮　　购：010-62786544
　　　　投稿与读者服务：010-62776969，c-service@tup.tsinghua.edu.cn
　　　　质量反馈：010-62772015，zhiliang@tup.tsinghua.edu.cn
印 装 者：三河市中晟雅豪印务有限公司
经　　销：全国新华书店
开　　本：170mm×240mm　　　印　　张：14.75　　　字　　数：206 千字
版　　次：2021 年 5 月第 1 版　　　印　　次：2021 年 5 月第 1 次印刷
定　　价：49.80 元

产品编号：083824-01

自从 A 股市场运行以来，主力行为学一直都受到很多投资者的青睐。我作为一名主要从事主力行为实盘研究的资深投资者，结合自己在实盘实战中对主力行为研究的一些交易心得，汇总成书以飨读者。

在本书中，我将带领大家深入学习股市绝学——"乾坤大挪移"，也就是主力庄家运行股价的"吸、拉、派、落"四种基本招式。在股票交易操作过程中，交易基本功非常重要。这就像练武功一样，一拳、一脚、一马步，只有根基打得扎实，才能不断进阶升级。任何操盘绝招都是由这些基本招式组成的，只有融会贯通这些技巧，才能达到举一反三的境界。要想弄明白股价的运行规律，必须先弄清楚庄家"吸、拉、派、落"四种基本招式。其中，至关重要的是悟透主力操盘过程的核心原理以及推演逻辑。通过深度学习本书，你会对主力操盘的过程及其细节有一个较为全面的了解，你的股票操作水平也一定会突飞猛进，进入新的层次。

本书将通过还原交易真相颠覆你对买卖股票的传统认知，带你建立全新的交易思维——与庄共舞！在本书中，我将带领股民朋友们一起去探索股票这个神秘的世界，为大家揭秘主力庄家背后的秘密，帮助大家实现在股市中见招拆招、步步为"盈"的目标！

每一位股民朋友都希望自己达到一个长期稳定的盈利境界，然而，真正的现实是残酷的，常常事与愿违。据统计，有将近八成的股民长期处于总体亏损的状态，熊市中的下跌更是"血流成河""惨不忍睹"。大多数股民之所以失败，究其原因，除人性的弱点使然外，也是股市的特点及其自身规律所导致的。股市最大的魅力就是，时时刻刻折磨着投资者，同时却又深深地吸引着投资者，让其在股市中"爱恨交织""欲罢不能"。大家有没有这种感受——炒股其实没有那么难，也没有那么复杂，关键在于你是否找到了一套适合自己的行之有效的方法并长期坚持下去？我们都知道"条条大路通罗马"，炒股也不例外。炒股的方法多种多样，有效的方法都有一些共性，无效的方法却是千奇百怪的。有效的炒股方法，不仅有战略思维，还有战术技巧；从宏观到微观，相互配合，缺一不可。在所有的炒股方法中，"跟庄"无疑是最行之有效的方法之一，每一位在股市中获得成功的投资者，几乎都具备"跟庄"思维。可以毫不夸张地讲，"跟庄"思维对优秀的投资者来讲是必不可少的。可见，"永远与庄在一起"或者说"与庄共舞"不失为一种炒股盈利的有效方法。跟庄的路线对了，一样可以让主力为我们"抬轿"；反之，跟庄路线错了，投资者就会陷入迷茫困惑和持续亏损之中，也就谈不上稳定的盈利了。基于此，笔者根据市场上大多数投资者的操盘实战需要，并结合主力行为学，编写了本书，目的就是教大家在复杂多变的市场中，让自己站在稳定盈利的这一边。那么问题来了，如何才能有效"跟庄"？毫无疑问，在操盘过程中，要放弃预测和幻想，要去了解庄家真实的操作内幕以及真正的交易原理，懂庄家所懂，用庄家所用，这样才可以与庄家同进同出，获得丰厚的收益！

"吸、拉、派、落"四个字看起来简单易懂，但真正能够理解其字面背后的严密逻辑和操作细节的人却寥寥无几。成功悟透这四个字的深刻内涵，你就可以达到一眼看懂庄家行为的境界，从而实现盯庄、助庄，甚至猎庄的目标。在本书中，我将毫无保留地解密主力庄家运作股价的四个阶段和操作细节，就是希望千千万万的散户朋友和庄家站在同一个起点，建立科学的交易思维，在证券市场中实现公平搏击。本书要讲的"吸、拉、派、落"，不同于大家传统意义上的那种认知，只是从宏观方面对股市有一个框架性的认识。本书不仅告诉大家"吸、拉、派、落"四个环节连环相扣,更重要的是从盘口的角度教会大家如何迅速地抓住主力的"尾巴",发现主力的踪迹,甚至做到伏击庄家,未闻先动,先知先觉。一旦建立起科学有效的"跟庄"思维,庄家、主力在你眼中就会变成一位演员,而你也不再是一个普通的观众,而是一个站在戏外看戏的导演,主力的一举一动全部会在你的意料之中!认真地学完这本书,并深刻地领会书中的内容,你必将成为真正的猎庄高手,也一定会达到在股市中稳定盈利的境界。

本书按照主力庄家运作一只股票的"吸、拉、派、落"四个必经环节的顺序,层层深入,用庖丁解牛的方式告诉你一些主力操盘的实战技巧,目的就是引导散户朋友养成主力思维,更好地指导实战操盘。与其说本书是一本股票操盘的技术书,倒不如说是一个用主力操盘思维构建的范本。

在学习过程中,建议读者朋友找一个安静的阅读环境,用心跟随我的讲解思路和节奏。本书所讲解的内容大多数都是独家的,并且每一个细节都需要你用心去聆听和感知。

最后,预祝大家股市长红,更上一层楼!

天池心海

于广州

2021 年 3 月 20 日

庄家操盘"乾坤大挪移"

自然界中万事万物都在运动，运动的事物都有其自身的运行规律。在股市中，股价的运行规律也是客观存在的。要想认识股价运行的规律，有两种思维非常重要。一种就是辩证思维：在判断股价运行的多空方向时，要学会辩证地去分析，这种思维可以防止我们分析股票时孤注一掷，只朝着一个方向走，一头走到黑。我们知道，股价的运行方向受到很多因素共同的影响，朝哪个方向运行几乎是不能提前预测的，多与空皆有可能，所以我们在操作过程中，在进攻的同时，也要做好防守，这就是辩证思维在实战中的经典应用。另外一种就是逆向思维：逆向思维要求我们不能局限于大众思维去做出买卖判断，而是要学会去换一个角度、摈弃常人思维去分析问题，解决问题。股市像其他行业一样，同样遵守二八定律。通俗来讲，就是少数人赚钱，多数人亏钱，那么逆向思维可以让我们站在少数人的阵营中，成为赢利的那部分少数人。巴菲特常说：别人恐惧时我贪婪，别人贪婪时我恐惧，这就是逆向思维在实战中的经典诠释。

股市有其自身的运行规律。大海有潮起潮落，股市有价涨价跌；每天有日出东海日落西山，股市有牛市上涨熊市下跌；四季有春、夏、秋、冬，股市有吸、拉、派、落；周而复始，循环往复。但凡有主力运作的一只股票，一定会经历一个完整的生命周期。这个周期主要包括"吸、拉、派、落"四个环节。四个环节，环环相扣，相辅相成，缺一不可。如果大家觉得这么讲比较抽象的话，我们可以把这四个环节的关系用三幅图来层层深入，直观地将其进行呈现。

我们用一年四季来类比股市的"吸、拉、派、落"，农民种庄稼要经过春播、夏长、秋收、冬藏四个阶段，而一只股票的股价运行也需要经过"吸、拉、派、落"四个阶段，它们之间有很强的相似之处。我们通过下图来了解一下。

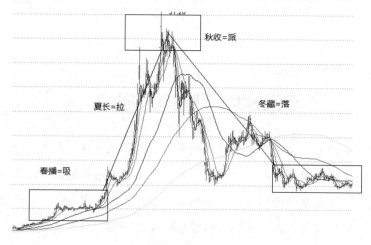

股市四季图

我们再看下图，"吸、拉、派、落"四个阶段环环相扣，你中有我，我中有你，既互相独立又成一体。

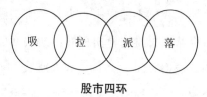

股市四环

接下来呈现的第三幅图是道家太极图。这张图比前两幅图具有更深的内涵。

股市太极图

　　一阴一阳谓之道，一多一空谓之股。股市再复杂多变，也是一多一空的博弈，也就是资金和筹码的博弈转换。现在我们用道家太极图来解读一下股市中的多空循环原理。

　　太极图中，有白鱼和黑鱼，二者互相追逐相互转换，鱼身里还有两个相反颜色的鱼眼。假如把白鱼看作多方，它的运转动力就是资金买盘的推动；把黑鱼看作空方，它的运转动力就是筹码抛盘的推动。这样通过道家太极图来理解股市涨跌就非常清晰。股市的上涨，是市场看多后市，用资金把行情买上去的，主力拉升股价是为了赚取高低差价。股市的下跌，是市场看空后市，主力用筹码把行情砸下来的，打压股价是为了买到廉价的市场筹码。

　　阴阳鱼身中为什么有两个相反颜色的圆点呢？这是因为阳极生阴，阴极生阳。如冬夏、昼夜、黑白、大小、高低之间的转换。对于股市来说，动于阴末，止于阳极，上涨到极点，就是触发抛盘的时候。下跌到极点，就是触发买盘的时候。它们不是生在外在系统，而是生于自身系统，阴阳鱼的鱼眼就是这么来的。鱼眼诞生在鱼身最宽的地方，也就是最"极"的地方，这也是物极必反的原理。恰似大牛市顶端天量天价后，到达行情超买而出现"亢龙有悔"的崩盘阶段，也似大熊市末端地量地价后，到达行情超卖而出现"潜龙在渊"的启动阶段。没有纯粹的多方，因为做多市场是为了抛盘套现；也没有纯粹的空方，因为做空市场，最终是为了买入廉价的筹码以做多。

　　现在，停下来想一下三幅图展示出来的"吸、拉、派、落"的关系，是不是层层深入？是不是由浅入深？由孤立的四个环节，到相互联系的关系，直到相互转化融为一体的独立统一。对于股票操作来说，学习专业知识很重要，但更重要的是在学习过程中养成一种思考问题的正确思维，而不是仅仅停留在学习知识的表象上。"授人以鱼，不如授人以渔"，大家要用正确的思维去认识变幻莫测的股市。

　　总之，"吸、拉、派、落"这四个环节，在任何一只股票价格的运行完整周期中，都是相辅相成、缺一不可的。

首先，从字面上了解一下"吸、拉、派、落"。

吸：吸筹，买入筹码的意思，就是我们平时所说的建仓；买入筹码是主力"坐庄"的基础，没有"吸"，就不会有后面的"拉""派""落"三个环节。只有主力充分建仓掌控一定比例的筹码，才会进入下一个环节"拉"。

拉：拉升，主力庄家人为地通过集中、连续、快速买入，将股价拉离自己的持仓成本，然后通过波段高抛低吸拉升股价，直到自己的目标价位，这是创造利润的环节；"拉"的空间高低，直接决定了利润的多少。"拉"是打出利润空间的手段，是主力创造利润的方法。

派：派发筹码，也就是我们常说的"出货"，指的是主力庄家在股价高位把筹码卖出去套现。"派"，要依赖于"拉"，没有"拉"，就没有"派"，因为没有利润或者说利润空间不够大，主力就没有卖出的欲望；"派"是一个复杂的过程，是兑现利润最重要的环节，也是主力"坐庄"中最难操作的环节。

落：股价下跌，让股价做自由落体运动，回到相对较低的位置。"落"是"派"的必然结果，同时"落"也是行情新起点的伏笔。"落"是一个让市场自由换手的阶段。在股价下跌的过程中，自由换手率高，不断有新资金承接前期割肉盘，是让风险一层一层释放的过程，最终使股价在一个较低的位置重新稳定下来。

一只股票的涨跌轮回周期，就是由"吸、拉、派、落"四个必经阶段组成的闭环。

在我们认识了股价运行的四个阶段及其之间的相互关系后，接下来我们将分别对上述四个环节详细进行讲解。也只有充分理解了主力运作股价的四个基本环节后，才可能在交易过程中做到心中有数，处惊不乱，从而实现持续稳定盈利。

股市赢家
操盘跟庄实战技法
目录

股市赢家：
操盘跟庄实战技法

第一章

吸

首先，我们给大家讲解一下股价运行周期的第一个环节——"吸"。

所谓"吸"，就是吸货，也就是投资者经常说的建仓。主力运作一只个股，从开始筹备到着手操作，要做大量的准备工作，筹集资金，对比标的，选择时机，研究政策，打通关系，等等，但最主要的一个基础任务就是低位建仓。主力用大量资金运作一只个股，首要任务就是持有这只个股一定比例的筹码，通常要持有流通盘的 60% 以上，只有这样主力才能更有把握控制股价。因为主力庄家投入的资金量比较大，不可避免地会对这只个股的股价走势产生影响，这些影响一定会在盘面上留下"蛛丝马迹"。我们只有通过对"吸"的学习，才能掌握主力庄家建仓的相关原理和技巧。

第一节　吸筹永远在低位

很多投资者看到这个标题，会有疑惑：这么简单直白的问题还需要展开篇幅进行讲解吗？需要强调的是，股市中往往简单的道理容易被忽略。大多数亏损的投资者看不到事情的真相，却选择一些华而不实的技巧，舍本逐末的结果就是得不偿失。

每一位股民，在股市中几乎不可能听说"高位吸筹"这个概念。主力庄家建仓一定是在股价运行的低位进行"低吸"。也正是基于这种逻辑，我们把 K 线分为高位和低位两种，而不是传统 K 线理论中把 K 线分为阴线和阳线。投资者可能会觉得这听起来有点儿荒谬，但这正是股票市场上其中一个不被人所知的秘密。当散户还纠结于 K 线阴阳变化时，主力早已抛弃了这种传统的分析方法。在主力眼里，只有高位和低位的价差，因为价差代表利润空间。K 线阴阳都是主力庄家根据自己的操盘计划做出来给散户看的，是一种表象。为了达到误导散户的目的，"骗线"也就成了市场中的普遍现象，即技术分析中骗线无处不在。在 A 股市场中赚钱，唯有低买高卖，这才是股市赢利永恒不变的真理，才是股市中赚钱的本质。在实际操盘过程中，做超短线的，只需要关注当天分时图的高低点；做波段的，只需要关注波段的高低点；做长线的，只需要关注趋势的高低点。不同的操盘模式具有相同的逻辑，就是赚取不同的价差。当然，三种操作模式因为各具特点，操作要求也各不相同。每一位投资者都要结合自身的特点给自己一个清晰的定位，操作过程中千万不可混淆，否则，操作模式就会面目全非、不伦不类。把短线做成波段，波段做成长线，长线做成"股东"，这也是散户朋友交易过程中经常犯的错误之一。

股价下跌阶段的末端，大多是阴线（见图1-1），你认为是主力吸筹还是主力抛售？在这个位置，主力早已把上一轮行情的筹码派发完了，并开始准备下一轮行情的底仓了，这就是"阳在阴之内""阴极生阳"。

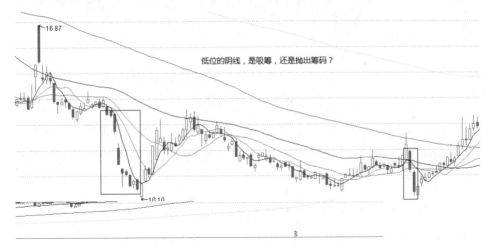

图 1-1　阴极生阳

股价上涨阶段的末端，大多是阳线（见图1-2），你认为是主力吸筹还是主力抛售筹码？在这个位置，主力已经远远地脱离了自己的持仓成本区并达到自己的目标价位，怎么可能继续吸货，一定是在拉高过程中边拉高边出货，这就是"阴在阳之内""阳极生阴"。

根据高位低位不同位置的K线及其功能，我们可以知道高位的阳线大多是诱多，低位的阴线大多是诱空。所以，在以后的操作过程中一定要明白这种"阴阳转化"的逻辑，而不是盲目地追涨杀跌。这也是很多投资者坚守了"顺势而为"的理念，却忽略了"物极必反"的逻辑，最终导致亏损的原因之一。

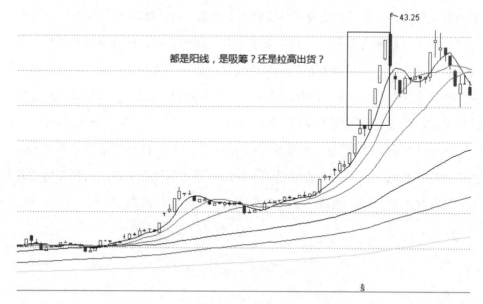

都是阳线，是吸筹？还是拉高出货？

43.25

图1-2　阳极生阴

那么，有投资者会问，什么是低位，什么是高位？该如何去做出清晰的判断？这个问题一直以来困扰着大多数投资者。一般来讲，判断股价的高低大致有三个步骤。

第一步，压缩图表。打开一只股票的K线图，按住键盘上的"↓"键，可以将图表压缩到最小。看一下目前股价的点位与历史走势的最高点和最低点相比，相对处在一个什么位置，是高位还是低位，一目了然。当然，这种判断方法不够精准，但在一定程度上大大地降低了追涨杀跌的风险。

第二步，看K线背后的多空双方的预期转化。在相对的低位，市场中大多数投资者逐渐看多后市，并尝试着买进筹码。需要注意的是，散户抄底目的是买到最低位，而事实上，大多数投资者是抄底抄在半山腰，为什么？因为庄家不乐意散户持有低成本的筹码。于是，庄家还会利用手中的少量筹码继续打压股价，让提前进场的散户受到恐吓出局。在此之后，当市场上抄底的人越来越多的时候，市场离真正的底部也就不远了，基本上就剩下最后一跌的距离，这就是主力加速赶底的动作，制造极度恐慌气氛，恐吓最后一批散户交出手中的廉价筹码。请投资者记住：顶和底不是图形说了算的，而是市场说了算，或者更进一步讲，是投资者以及投资者预期引起的多空情绪所决定的，图表只是表现形式。举例说明，假如现在指数处在 3000 点，但是全国的机构和股民都预期这里就是底，将来会到 1 万点，那么，市场就会充满做多的人气，这里 3000 点就是底部区域；反之，如果市场各方参与者的预期认为 3000 点是顶部，市场就会充满做空的人气，那么市场就会选择下行。通过图表背后的分析，顶、底是由投资者的预期决定的！所以，感知顶底，要看的是国家的战略、政策的态度和投资者的预期。投资者一定要学会融合多因素进行分析，在自己心中有一个"操作标准"。

比如，2008 年年底，一泻千里的市场下跌局面，迎来了国家四万亿投资政策的刺激，一下子，整个中国 A 股市场的所有机构和个人投资者，心理预期都彻底由空转多，此时，市场就是一个"底"，因为，市场上已经没有人看空了，所有的参与者的预期都倾向于"多头"；再如，2015 年，政策收紧杠杆炒股，严格限制了大部分主流的配资、融资渠道，拒绝杠杆资金进入股市，接下来，整个 A 股的投资者，对未来的预期都变得极度悲观，"空头"情绪充斥了整个市场，随之也就形成了一个市场历史大顶，如图 1-3 所示。

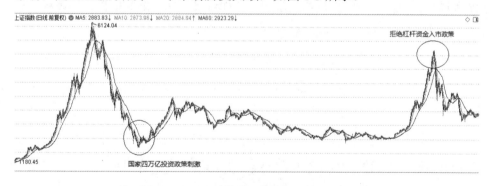

图 1-3　顶底预期

聪明的投资者，你去回顾任何一个大的历史顶底，思考一下，究竟是因为图形走到尽头形成的顶底，还是因为市场参与者的态度、政策的态度发生了转变，而形成的顶底？谁先谁后，孰因孰果？这一点很重要，也是我们技术分析的一个重要环节。

第三步，就是寻找趋势的拐点，如图 1-4 所示，当市场预期越来越倾向同一个方向，最终要在盘面走势上进行确认。市场的底是走出来的，而不是我们猜出来的，当市场一低比一低高，一高比一高高，我们就可"大胆假设，小心求证"底部的形成。

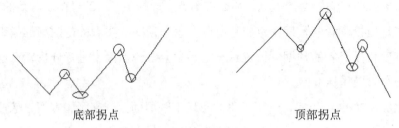

底部拐点   顶部拐点

图 1-4　趋势拐点

当然，还有一些小技巧辅助判断顶底，比如看大小周期均线的方向，K 线的反转形态，量能的缩放，筹码的分布情况，等等。只有从多个方面进行组合判断，技术分析才会更加有效。

以上分析帮助很多散户投资者解决了对股价的高位低位的困惑。股市本身没有那么复杂，复杂的只是你的思想，是你自己一知半解，把自己搞迷糊了。再次强调，技术分析中思维很重要。

不要盲目去猜测，我们用心去发现市场主力交易者态度发生变化并产生行动的蛛丝马迹就可以了，因为，当主力庄家有所行动的时候，市场上一定会留下痕迹。

另外，要给投资者传输一个理念：技术分析不是告诉你现在能做什么，而是告诉你现在不能做什么。在排除不确定性的过程中去找相对确定性。技术分析不是简单地通过历史图表来预测未来的股价走势，而是要通过图形去发掘 K 线背后多空双方之间的博弈机会。如果你看每一根 K 线或每一副 K 线图时，都能结合市场环境和个股情况讲出一个"动听的""真实的"故事，那么，你对市场的理解就会越来越接近真相。看问题要透过现象看本质，这也是贯穿本书的一个重要理念：不是要让大家学到一种"金身不败"的战法，而是要通过引导启发，教会投资者融会贯通、举一反三，打通投资者正确认识股市真相的"任督二脉"。

下文是通达信版的抄底指标源码，方便大家在相对低位抓住机会进场，可以直接安装使用，效果如图 1-5 所示。

指标名称：绝密抄底
源码：

```
BIAS1:=(CLOSE-MA(CLOSE,6))/MA(CLOSE,6)*100;
BIAS2:=(CLOSE-MA(CLOSE,12))/MA(CLOSE,12)*100;
BIAS3:=(CLOSE-MA(CLOSE,24))/MA(CLOSE,24)*100;
MM:=(BIAS1+2*BIAS2+3*BIAS3)/6;
股价趋势 :=MA(MM,3),COLORRED;
买入信号 :=EMA( 股价趋势 ,2);
抄底 :IF( 股价趋势 <-6,-11,-15),COLORFF00FF;
DRAWTEXT(CROSS( 股价趋势 , 买入信号 ) AND COUNT( 买入信号 <-6,2)>1,-10,'△ '),
COLORRED,LINETHICK3;
STICKLINE(( 股价趋势 <-9),0,-15,4,0 ),COLORCC0033;
STICKLINE(( 股价趋势 <-9),0,-11,4,0 ),COLORFF9966;
STICKLINE(( 股价趋势 <-12),20 ,-15,4,0) ,COLOR0066FF;
STICKLINE(( 股价趋势 <-12),20 ,-5,4,0 ),COLOR0099FF;
STICKLINE(( 股价趋势 <-12),20 ,0,4,0 ),COLOR00CCFF;
STICKLINE(( 股价趋势 <-12),20 ,3,4,0),COLOR00FFFF;
90,COLORBLUE;
VAR1:=REF((LOW+OPEN+CLOSE+HIGH)/4,1);
VAR2:=SMA(ABS(LOW-VAR1),13,1)/SMA(MAX(LOW-VAR1,0),10,1);
VAR3:=EMA(VAR2,10);
VAR4:=LLV(LOW,33);
VAR5:=EMA(IF(LOW<=VAR4,VAR3,0),3);
```

主力进场 :STICKLINE(VAR5>REF(VAR5,1),0,VAR5,7,0),COLORRED;

洗盘 :STICKLINE(VAR5<REF(VAR5,1),0,VAR5,7,0),COLORGREEN;

趋势线 :

=3*SMA((CLOSE-LLV(LOW,27))/(HHV(HIGH,27)-LLV(LOW,27))*100,5,1)-2*SMA(SMA((CLOSE-LLV(LOW,27))/(HHV(HIGH,27)-LLV(LOW,27))*100,5,1),3,1);

趋势 :=EMA(EMA(趋势线 ,3),1);

见底信号 : 2;

买点准备 : IF(趋势线 <=10,50,0);

买入时间 : IF(CROSS(趋势线 , 见底信号),100,0),COLORRED;

主进场 :IF(VAR5>REF(VAR5,1),1,0);

卖出警戒 :STICKLINE(趋势线 >=85,100,80,2,0),COLORMAGENTA;

止损出局 :STICKLINE(CROSS(90, 趋势线),100,70,3,0),COLORFFF666;

N1 := 10;

N2 := 5;

N3 := 4;

QW1 := (((HIGH + LOW) + (CLOSE * 2)) / 4);

QW3 := EMA(QW1,N1);

QW4 := STD(QW1,N1);

QW5 := ((QW1 - QW3) * 100) / QW4;

QW6 := EMA(QW5,N2);

RK7 := EMA(QW6,N1);

UP:=(EMA(QW6,10) + (100 / 2)) - 5,COLORRED;

DOWN:=EMA(UP,N3);

BUY1 := EMA(DOWN,N3);

BUY2 := EMA(BUY1,N3),COLORGREEN;

BUY3 := EMA(BUY2,N3);

BUY4 := EMA(BUY3,N3);

-10,POINTDOT,COLOR888888,LINETHICK2;

80,POINTDOT,COLOR888888,LINETHICK2;

0,COLORMAGENTA;

100,COLOR0099FF;

STICKLINE(UP < REF(UP,1),UP,MA(UP,3),2,0),COLOR00EE00;

STICKLINE(UP < REF(UP,1),UP,MA(UP,3),1,0),COLORGREEN;

STICKLINE(UP > REF(UP,1),UP,EMA(UP,3),2,0),COLOR0099FF;

STICKLINE(UP > REF(UP,1),UP,EMA(UP,3),1,0),COLOR00AAFF;

RSV1:=(CLOSE-LLV(LOW,9))/(HHV(HIGH,9)-LLV(LOW,9))*100;

RSV2:=(CLOSE-LLV(LOW,27))/(HHV(HIGH,27)-LLV(LOW,27))*100;

WEN:=3*SMA((CLOSE-LLV(LOW,27))/(HHV(HIGH,27)-LLV(LOW,27))*100,5,1)-2*SMA(SMA((CLOSE-LLV (LOW,27))/(HHV(HIGH,27)-LLV(LOW,27))*100,5,1),3,1);

J1:=SMA(RSV1,3,1);J2:=SMA(J1,3,1);

W1:=SMA(RSV2,3,1);W2:=SMA(W1,3,1);

强弱界线 :49,POINTDOT,LINETHICK3,COLOR9966CC;

见顶信号 :100,COLORCCFF00;

出点准备 : IF(CROSS(J2,J1) AND J2>85,70,100),LINETHICK2,COLOR00FF00;

趋势线 1: WEN,LINETHICK2,COLORFF84FF;

买点准备 1:IF(趋势线 1<=10,30,0),LINETHICK2,COLORYELLOW;

G1:W1,LINETHICK2,COLORWHITE;

G2:W2,LINETHICK2,COLORCYAN;

STICKLINE(趋势线 1>88,100, 趋势线 1,5,1),COLORGREEN;

STICKLINE(趋势线 1<=10,0, 趋势线 1,5,1),COLORYELLOW;

STICKLINE(COUNT(趋势线 1<REF(趋势线 1,1) AND 趋势线 1<10,2)=2,0,20,8,0), COLORRED;

STICKLINE(CROSS(J2,J1) AND J2>85,100,80,8,0),COLORGREEN;

DRAWICON(CROSS(趋势线 1,49), 趋势线 1,7),COLORRED;

DRAWICON(FILTER(CROSS(G2,G1) AND G2>81,10),G2*1.05,2);

DRAWTEXT(CROSS(趋势线 1,49),47,' 转强 '),COLORRED;

DRAWTEXT(CROSS(49, 趋势线 1),52,' 转弱 '),COLORGREEN;

指标使用说明：

❑ 主力吸筹数值越高越好，尤其是峰值至少要大于 10。当然还要和个股历史上的主力吸筹数值相对比。

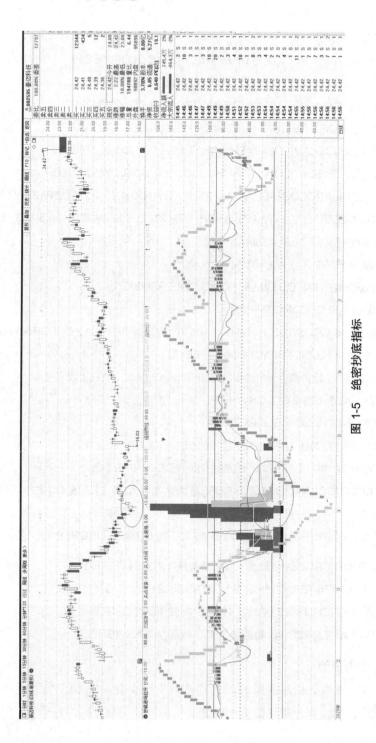

图 1-5 绝密抄底指标

- 等到峰值开始降低的时候再分批介入。
- 选股要规避那些业绩差、有退市风险的个股。
- 配合 MACD（异同移动平均线）和 KDJ（随机指标）使用，能够大大提高选中牛股的概率。

第二节　吸筹的两个阶段：隐性收集与显性收集

主力在股价低位进行吸货时，需要根据大盘的运行阶段和个股的涨跌节奏，选择不同的吸货方式。按照主力庄家吸筹的方式不同，我们把主力庄家收集筹码分成两个阶段：隐性收集和显性收集。

股价在相对高位完成出货，进入长期回落的阶段。经过长期下跌，股价跌到一定的低位，股价会缓慢见底企稳，也就是股价运行到下跌末期阶段。这个时候庄家会一边打压股价，一边悄悄地收集筹码，这个过程就是隐性收集。为了防止散户和其他主力发现，只能是悄悄地收集筹码。所以这一时期成交量比较小，不显山不露水，这也是隐性收集时间较长的主要原因，如图 1-6 所示。

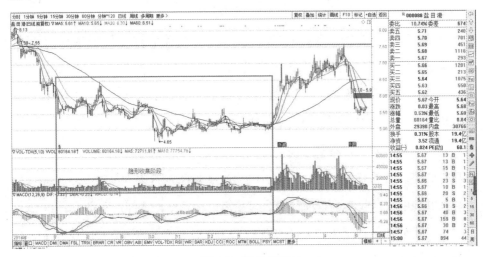

图 1-6　隐性收集

显性收集是主力在完成隐性收集之后，由于受到突发利好的影响或是其他方面原因，开始加大建仓力度，公开收集筹码甚至是"明目张胆"地"抢筹"。从盘口的角度举例说明，跳价扫单是实力机构在个股中常用的显性吸筹方式，主力用远高于卖 1 的价格将报价以下的单子"一扫而光"。这种吸筹方式比较公开，容易辨认。图 1-7 所示为东旭蓝天（000040）2019 年 5 月 16 日的盘口，可以看出使用的就是这种吸筹手法。

图 1-7　显性收集

开盘后受大盘影响，个股跳空低开，受到分时图上的黄色均价线的支撑，横盘震荡，交易清淡，盘面上正常成交。下午 14:44 主力连续使用跳价扫单的方式，进行显性收集筹码，股价拉高，成交量放大，这是实力机构的特征。遇到这样的盘口，后期可以密切关注该股，如图 1-8 所示。

这里只用分时盘口举例说明主力显性收集的盘面痕迹，而没有全面展开阐释显性收集。目的就是抛砖引玉，打开大家的思路，希望大家对照着盘面可以去总结其他的显性收集的盘面信息。多复盘，多总结，才能厚积薄发。

为了更好地理解主力庄家的吸货行为，我们必须弄清楚隐性收集和显性收集的不同之处。那么究竟该如何区分隐性收集和显性收集呢？

时间	价格	成交		
14:41	7.42	29	S	2
14:41	7.41	8	S	1
14:41	7.41	37	S	1
14:41	7.42	216	B	7
14:41	7.42	30	S	1
14:42	7.42	30	S	1
14:42	7.42	24	S	1
14:42	7.42	8	B	1
14:42	7.42	7	S	1
14:42	7.42	20	B	1
14:42	7.41	38	S	1
14:42	7.42	5	B	1
14:43	7.42	476	B	6
14:43	7.42	2	B	2
14:43	7.42	97	B	5
14:43	7.41	51	S	4
14:43	7.41	3	S	1
14:43	7.41	19	S	2
14:43	7.41	2	B	1
14:43	7.41	5	B	1
14:44	7.40	38	S	2
14:44	7.41	13		1
14:44	7.46	5000	B	154
14:44	7.41	2	S	1
14:44	7.43	1	S	1
14:44	7.43	9	B	1
14:44	7.48	4000	B	98
14:44	7.46	11	B	1
14:44	7.45	38	B	5
14:44	7.46	16	B	1
14:44	7.46	50	B	4
14:44	7.46	40	B	2
14:44	7.48	3750	B	77
14:44	7.48	25	B	3

图 1-8　跳价扫单

　　在分析主力庄家"吸"的阶段，可借助股价走势来研判成交量的性质到底属于隐性收集还是显性收集。在分析主力行为时，有效的量价分析可以帮助我们掌握主力庄家的一举一动。在一定程度上可以说：量价分析是技术分析的根本和重点。

　　股价经过长期的下跌开始止跌企稳并缓慢回升，MA5、MA10 和 MA20 三条均线会逐步收拢，形成黏合上翘，在这个阶段主力庄家吸筹一般是隐性收集，此时股价上涨幅度和上扬角度都不大，K 线小阴小阳居多。在隐性收集完毕后通常会有洗盘的动作，洗盘的时间可长可短，根据不同主力的操盘计划而异。洗盘结束之后盘面上再次出现三金叉时一般就进入显性收集的阶段，此时股价上涨幅度和上扬角度开始变大，K线开始出现中大阳线，成交量也较之前明显放大，显性收集结束后就进入拉高阶段了，如图1-9所示。

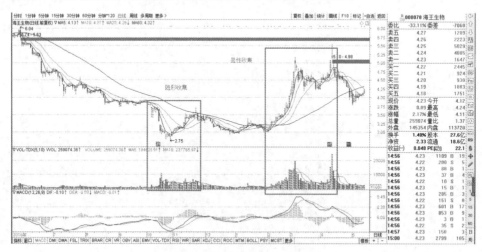

图 1-9　隐性收集与显性收集

需要注意的是，在拉高之前，庄家通常也会进行挖坑洗盘，将散户在拉升股价之前最后一刻赶下车。

我们明白了隐形收集和显性收集的概念和特点，针对不同方式的筹码收集，投资者该如何进行操作才是重中之重。我们的操作策略是什么呢？

如果遇到庄家一边打压股价一边悄悄收集筹码的隐性收集阶段，我们也可以轻仓分批逢低买入，尤其是遇到大阴线要敢于进场。如果遇到三金叉见底时的显性收集阶段，我们应该毫不犹豫地买进，这个时候，仓位一定要合理加大。当股价运行完了隐性收集和显性收集两个阶段时，我们应该坚决持股，等待主力拉升股价，一定不要轻易卖出手中个股，防止在吸筹最后时刻、快速拉升之前踏空主升行情。

需要补充的是，在做技术分析时，判断股价是否向上突破，投资者都喜欢画图画线，把活灵活现的市场用各种各样的"线"捆得死死的。事实上，图形是死的，市场是活的，单纯看图形很难解决操盘的实际问题。投资者不仅要学会看图说话，更要透过现象看本质，揣摩庄家的意图，紧跟庄家的思维，这才是我们需要重点关注的地方。

当然，画线在交易过程中也是必不可少的，但画线绝不是固化思维，固化盘面。只是为我们的实盘操作提供一个参照物，可以让我们的进出场有参照依据或者执行规则，而不是完全主观地凭感觉进出场。比如画出一只个股的精准线，我们就可以看出主力的操盘计划和操盘节奏，这有助于我们跟随主力庄家的操作意图。操盘过程中，主观因素越多，离真相越远；客观因素越多，离真相越近。主观转化为客观，就是设定规则和纪律，并严格执行。知行合一是实现稳定盈利的前提之一。

另外，关于 K 线的认知也要加强。看 K 线是投资者的基本功，基本功学扎实了，对市场的理解才能更加真实。在这里我们不再讲解 K 线的基础用法。只是把实盘操作过程中对 K 线的一些感悟分享给投资者，目的是让大家更好地去理解市场，去感知市场。这些思维很少有人会告诉你，这也是机构操盘的秘密之一。

K 线背后是多空双方资金和筹码博弈的结果，异动 K 线是主力的动向，看盘期间主要关注异动 K 线带给我们的交易机会。

看 K 线，一定要结合量，量价不分家，有量必有价，有价必有量，任何将二者割裂开来的量价分析都是片面的，或是不科学的。

K 线的位置决定 K 线的性质，同样的 K 线组合在不同的位置，所代表的市场含义是不同的。比如，十字星可处于底部、上涨途中、顶部，同样都是十字星，但它所代表的市场含义却是相反的，股价后市的走势也是截然不同的。

K 线是可以分解和合并的。一天的 K 线，我们可以通过当天的分时图，将当天的 K 线分解成几根 K 线图；也可以把几天的 K 线图合并成一根 K 线；通过分解与合并，可以更好地理解主力庄家阶段性的操盘意图。

K 线是有性格的，分为主动性 K 线和被动性 K 线：主动性 K 线，就是不跟随大盘的走势而运行，强于大盘或弱于大盘都是主动性，它的性格是"特立独行"；被动性 K 线是随着大盘的波动而波动，大盘涨它跟着涨，大盘跌它跟着跌，个股的走势与大盘的走势几乎一样，它的性格是"随波逐流"。投资者盘中更多地应该关注一些主动性的大阳线，而不是关注因为大盘的暴涨而出现的个股的中大阳线。这也是观察盘面主力"异动"的有效方法。

总结一下，K线也是有灵性的，它也有自己的语言功能，投资者要用心和它沟通，它会告诉你它的意图和走势。

本节讲了吸货的两个阶段：隐性收集和显性收集，以及关于K线认知的一些独特的视角，希望大家用心好好感悟，把自己的思维打开，而不是仅仅囿于传统K线理论分析。

第三节　吸筹的盘面特征及操作细节

吸筹的盘面有如下特征。

1. 主力吸货K线图特征

我们知道，主力利用大量资金坐庄一只个股，不可避免会对这只个股的盘面走势产生明显的影响。主力吸货必须实实在在花费资金，打进买单，吃进筹码；主力派货套现必须实实在在打出卖单，抛出筹码，获得现金。主力巨额资金进出一只个股要想不在盘面上留下痕迹是十分困难的。一般来讲，主力吸货的K线形态的分析可归纳为以下几个方面。

（1）在个股的底部区域，主力吸筹的痕迹表现在K线上，就是会在盘面上反复出现上下影线、十字星、倒T字形和T字形。为什么呢？大家有没有研究过原因？可以明确地告诉大家，K线图上出现的这几种K线往往意味着市场中主力庄家有所企图。比如相对高位出现巨量的十字星通常是出货信号，而相对低位反复出现的十字星通常是主力吸货的痕迹。低位区域的十字星往往伴随着温和的成交量、隐约的利空传闻、低迷的市场气氛和投资者悲观的情绪。这些十字星夹杂着小阴小阳连续出现，逐渐形成一个非常狭窄的横盘区域，并且这种走势持续的时间可能多达几个星期或更久，这是十分明显的主力吸货在盘面上的痕迹。

（2）K线组合形态在相对低位出现各种各样的底部形态，如圆弧底、V形底、W底、头肩底、三重底、箱形底等。这些形态的形成不是偶然的，都是主力有计划运作股价所形成的股价轨迹。这其中也包含了市场股价运行的逻辑。形态分析也是股市技术分析的基本功，在跟庄思维的书中我们不再详细讲解。

（3）吸货过程中，为了控制自己的建仓成本，主力一般会把价格控制在一个相对狭窄的空间之内。股价经过一段吸筹之后会有所上涨，这时主力一般都会以少量的筹码快速地将股价打压下来，目的就是重新以较低的价格继续建仓，经过一段时间的反复，在K线图上就形成了一波或几波"慢涨快跌，牛长熊短"的波浪K线形态。

（4）在吸筹的过程中，主力为了在一天的交易中获得尽量多的廉价筹码，通常会采取一些操盘技巧，比如利用自己的资金优势控制开盘价，使该股以较低的价位开盘，当天主力不断地主动买盘必然会推升股价，这样收盘时K线经常会报收一根带量的阳线。在整个吸筹过程中，K线图上基本上以放量阳线为主，夹杂少量的缩量阴线，出现"上涨放量，下跌缩量"的K线组合形态，我们通常称为"红肥绿瘦"，如图1-10所示。

图 1-10　红肥绿瘦

（5）有的个股在主力建仓过程中会形成一个明显的箱体结构，并且股价在这个箱体中波动的频率较大，时间较长。这种个股通常都会成为后期的大牛股。股价在箱体内运行，上涨时成交量放大，下跌时成交量明显萎缩，呈现出"量价健康"的形态；这种底部形态值得我们去关注，尤其是那些横盘时间较久的个股。股市中有句谚语"横有多长，竖有多高"就是这种形态。一旦遇到这样的个股，其在低迷的股市中会表现出一定的抗跌性，在上涨的行情中表现出一定的独立性，我们一定要加入自选股，随时观察股价突破箱体上边沿的走势。这个点位一旦有效突破，就会产生一波凌厉的拉升行情，如图1-11所示。

在实战过程中，一只个股底部区域表现出来的窄幅横盘的箱体，可以被看作主力吸货留下的痕迹。因为个股的跌势只有在主力进场的情况下才能真正得到止跌企稳，股价才能由下跌趋势转为横盘趋势，并且横盘的范围又控制在一个很窄的空间，股价已被主力有效地控制在主力建仓计划的合理价格区间。这就是原理，就是K线背后的故事，投资者必须看懂看明白。

（6）当然，主力吸货不可能一直维持在一个箱体区间，当箱体内没有卖单，成交量就会极度萎缩。地量结构在相对的底部区域通常代表着低价。这个时候，市场上的浮动筹码越来越少，主力庄家要想获取更多的筹码，不得不通过抬高价格来获取。这样，结果就是价格慢慢被推高，形成连续的小阳线，这些连续的小阳线就是主力建仓的异动K线，其一旦出现突破或加速形态，代表吸货已经进入末期。这个时候我们应该及时跟进，而不是视而不见。在实际操盘过程中，这些小阳线经常使投资者忽略主力的意图，当主力以放量中大阳线拉起股价时，投资者已经错过了最佳的进场点。

需要提醒投资者的是，投资者在理解主力庄家吸货时的盘面特征时，一定要明白"相对底部区域"和"最低位"的区别和含义。不要为了追求最低位错过安全的进场机会。有时候进场并不是价位越低越好，而应该是在安全的前提下，在合理的点位进场。把握一些确定的机会，远远比我们主观想象更加可靠。主力庄家最喜欢在趋势拐点的位置设置陷阱，越是你认为有利于自己的时候，陷阱越多。千万不要在自己的主观想象中去进行抄底操作。"进场要慢，出场要快"表达了股市中的交易谨慎原则。

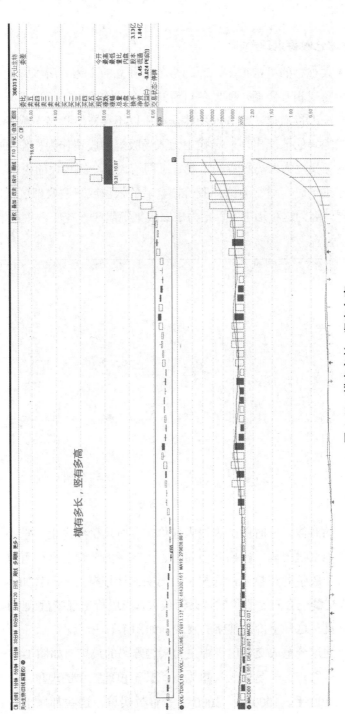

图 1-11　横有多长，竖有多高

2. 庄家建仓吸筹盘口分析

股市上大大小小的机构很多，因为是各自独立的主体，所以它们的进出并没有统一的步骤或相互协调，所以各自看法与仓位也不同。每日都有庄家根据自己的操盘情况出货撤退，或者入场建仓。所以不存在股指高了或者低了就没有机构入场吸筹码的情况出现。寻找主力入场吸筹的股票作为操作目标是稳赚的关键。如何寻找主力入场吸筹的个股？下面给大家介绍相关的内容。

主力庄家进场时，通常会选择股价调整后的低位或下跌底部区域的位置，即波谷的位置。因为这种形态下，主力庄家收集筹码成本较低，并且相对安全，如图 1-12 所示。

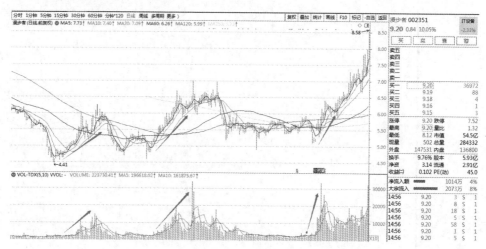

图 1-12　波谷进场

主力进场的时候，分时图上表现为股价在分时均价线之上，重心上移，因为主力在不断地买进筹码，价格就会随着主力吃货的节奏上涨。有时候股价慢慢上涨，有时候股价急速拉升，这与主力的操作计划有关。不管如何，整体来看，当天的成交量也会随着股价的拉升而放大，当股价出现横盘或回调的时候，成交量出现缩量。这种量价是健康的表现，如图 1-13 所示。

我们可以通过分笔成交看出盘中主力买进筹码的痕迹，如图 1-14 所示。

主要有三个特点：一是以大买单为主，甚至出现扫单的现象。二是以单笔整数为多，如 100 手，1000 手，3000 手等整数买单，这些都属于特别买单，一旦看盘期间发现这类买单就要做出正确的决策。当然，有些主力为了迷惑散户，故意将大单分拆开来。三是成交比较密集，大单连续出现。说明主力进场是真金白银在吸货，而不是间歇式的试盘或对倒拉高股价。

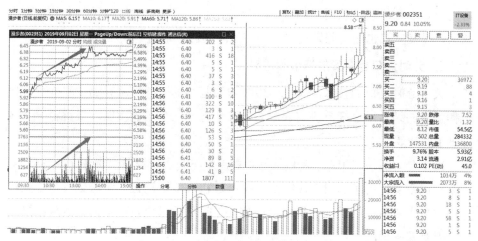

图 1-13 分时持续放量

×002351 漫步者 分时成交明细 Up/PageUp:前翻 Down/PageDown:后翻

时间	价格	成交			时间	价格	成交			时间	价格	成交			时间	价格	成交		
11:25	8.92	56	S	4	11:27	8.90	8	S	1	11:29	8.97	81	B	7	13:00	9.20	119	S	6
11:25	8.95	195	B	13	11:27	8.90	56	S	5	11:29	8.99	229	B	11	13:00	9.20	49	S	5
11:25	8.90	250	S	18	11:27	8.90	11	S	4	11:29	8.99	16	B	3	13:00	9.20	153	S	4
11:25	8.90	90	B	4	11:27	8.90	23	S	4	11:29	8.99	28	B	3	13:00	9.20	9	S	2
11:25	8.91	50	B	3	11:27	8.91	4	B	1	11:29	8.99	113	B	10	13:00	9.20	48	S	2
11:25	8.91	42	B	3	11:27	8.91	2	S	2	11:29	8.98	200		16	13:01	9.20	216	S	6
11:26	8.90	49	S	9	11:27	8.91	35	S	6	11:29	8.98	97	B	3	13:01	9.20	71	S	7
11:26	8.90	548	S	9	11:27	8.91	3	B	1	11:29	8.97	15		5	13:01	9.20	110	S	7
11:26	8.90	5	B	2	11:27	8.91	20	B	6	11:29	9.00	858	B	38	13:01	9.20	305	S	2
11:26	8.89	5	S	1	11:27	8.91	23	S	3	11:29	9.00	1	B	1	13:01	9.20	78	S	5
11:26	8.89	137	S	5	11:28	8.92	63	B	7	11:29	9.00	104	B	13	13:01	9.20	72	S	5
11:26	8.89	825	S	7	11:28	8.92	47	B	5	11:29	9.00	63	B	13	13:01	9.20	225	S	3
11:26	8.91	63	B	6	11:28	8.92	55	B	3	11:29	9.00	2110	B	76	13:01	9.20	47	S	4
11:26	8.89	131	S	11	11:28	8.92	8	S	3	11:29	9.02	285	B	20	13:01	9.20	30	S	2
11:26	8.89	69	B	8	11:28	8.93	61	B	2	11:29	9.03	532	B	20	13:01	9.20	19	S	4
11:26	8.90	49	B	8	11:28	8.93	90	B	3	11:29	9.03	177	B	18	13:01	9.20	680	S	6
11:26	8.90	41	B	5	11:28	8.93	56	B	5	11:29	9.08	106	B	15	13:01	9.20	130	S	1
11:26	8.89	45	S	5	11:28	8.93	19	B	4	11:30	9.09	111	B	17	13:01	9.20	39	S	4
11:26	8.90	88	B	6	11:28	8.94	3	B	2	13:00	9.10	423	B	28	13:01	9.20	145	S	7
11:26	8.90	110	B	11	11:28	8.94	40	B	4	13:00	9.12	9803	B	718	13:01	9.20	60	S	1
11:26	8.90	32	S	5	11:28	8.94	5	B	2	13:00	9.15	606	B	37	13:01	9.20	150	S	6
11:26	8.90	40	S	4	11:28	8.94	113	B	7	13:00	9.19	543	B	33	13:01	9.20	54	S	3
11:26	8.90	78	S	11	11:28	8.94	108	S	12	13:00	9.20	2910	B	98	13:01	9.20	54	S	5
11:26	8.90	25	S	2	11:28	8.95	625	B	13	13:00	9.20	9465	B	363	13:01	9.20	214	S	3
11:26	8.91	194	B	11	11:28	8.96	102	B	6	13:00	9.20	4350	B	138	13:01	9.20	215	S	6
11:26	8.90	107	S	8	11:28	8.96	143	B	6	13:00	9.20	148	S	5	13:02	9.20	27	S	2
11:27	8.90	12	B	2	11:28	8.96	12	B	4	13:00	9.20	40	S	4	13:02	9.20	79	S	3
11:27	8.89	13	S	4	11:28	8.96	31	B	3	13:00	9.20	114	S	6	13:02	9.20	126	S	5
11:27	8.90	27	B	2	11:28	8.96	19	S	2	13:00	9.20	234	S	4	13:02	9.20	3	S	1
11:27	8.90	26	B	1	11:28	8.96	23	S	5	13:00	9.20	340	S	3	13:02	9.20	30	S	2
11:27	8.89	12	S	2	11:29	8.96	21	S	9	13:00	9.20	169	S	10	13:02	9.20	13	S	2
11:27	8.89	104	S	8	11:29	8.97	203	B	16	13:00	9.20	384	S	7	13:02	9.20	147	S	4
11:27	8.90	144	B	15	11:29	8.97	1021	B	41	13:00	9.20	98	S	6	13:02	9.20	123	S	5

图 1-14 分笔成交

我们通过 K 线形态，单根 K 线的分时图以及盘口分笔成交，由大到小，由表及里，层层确认主力吸货的行为。这也是我们分析个股走势的一种常用的思维模式，是庖丁解牛式的个股分析方法。

当然，主力进场还有多种情况。不同的主力，操作计划不同。大的主力具备资金优势，会在盘中有条不紊地吸货，出手大方，通常一笔几千手成交；有的主力，实力较弱，就不会在盘中明目张胆地吸筹。通常会借助开盘或收盘的时间节点进行偷袭，从而达到自己吸货的目的。有的主力做波段，有的主力做长线，吸货方式也是千差万别，我们应该区别对待。

3. 分时盘口上吸货的细节和逻辑

关于分时盘口的技术，属于精微技术的范畴。这种技术有助于我们更好地把握盘中的细节，"细节决定成败"。接下来举几个实盘案例，来解释一下吸的细节和逻辑。

图 1-15 所示是 2019 年 8 月份笔者直接参与的一只股票漫步者（002351）。因为自己亲身经历了这只个股吸货的整个过程，所以记忆非常深刻。接下来笔者用这只个股吸货的手法为投资者讲解一下吸货的盘口特征。吸货表现在盘口上大概有四种手法。

图 1-15　吸货

（1）挂单慢吸。挂单慢吸是一种被动吃货手法。主力在盘口买一、买二的位置，挂上几十手、一百多手，单子较小，不会引起其他参与者的注意。挂单成交得差不多了，就在买一、买二的位置补一点挂单；分时上就产生了那些老跌不下去的走势，股价跌到某个价格，就会受到买单的持续挂单买进，弹跳起来。在分时图上如图 1-16 所示的走势。

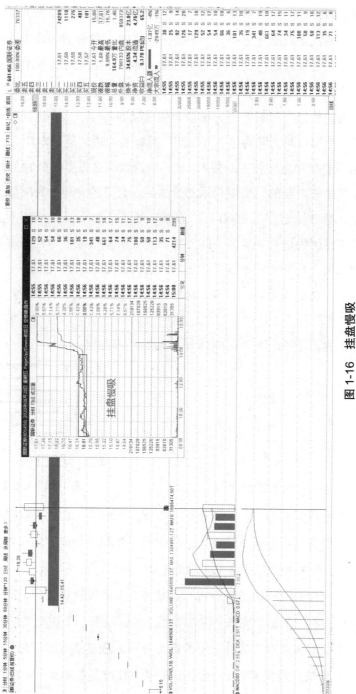

图 1-16　挂盘慢吸

为了便于理解记忆，挂单慢吸的分时表现简化图如图1-17所示。

这种手法是我张开嘴等你喂，而不是主动去吃。我希望是你主动卖给我，而不是我主动买进来。这种吸筹方式很隐蔽，需要很强的洞察力才能够发现。

以后，大家要多留意这种走势，多留意细节，盯盘只要做到足够的细致，是很有乐趣的一件事。你看着主力在偷偷摸摸吸筹的样子，不觉得好笑吗？可见，投资者要想和市场无障碍地进行交流，看好盘口语言是基本功。

（2）看见有卖单就慢慢主动买入。机构的操盘手令很多投资者羡慕，其实，做机构操盘手是很辛苦的。要以合适的价格买入合适的仓位，有时候是力不从心的一件事。我曾试过买入2000万的股票，花了一个多小时，都不能按照计划的价位买进；因为以前300开头的股票，买卖价差很大，冲击成本很高，大资金想随意进出，是件非常不容易的事情；当天又要完成建仓的操盘计划，这就需要操盘手主动买入筹码。这种主动性买入，在盘面留下的痕迹，我想投资者更为关心。

接下来，我们还原一下如图1-18所示的买入的过程。

图 1-17　挂单慢吸分时　　　　　　　　　　图 1-18　五档卖单

虽然说主力希望主动吃进，但是绝不希望买入的价格因此大幅提高，因为主力希望买到更多廉价筹码。这就要求操盘手在控制建仓成本的前提下完成建仓任务。操盘手要慢慢十几手、几十手地把卖一吃完，再去吃卖二，然后卖三、卖四，一分钱一分钱地一边推升股价一边吸筹。很多投资者会问，既然是要推高吃货，为什么不一笔扫单完成？除控制成本外，还有一个更重要的原因。

散户投资者都很喜欢看各种渠道的资金分析。散户喜欢看，那么庄家就要"投其所好"做给散户投资者看；资金统计的基本标准是单笔0～4万元算小单，

4～20万元算中单，20～100万元算大单，100万元以上算特大单；庄家之所以要慢慢买，是因为想把散户看到的资金统计数据做成小单净流入，迷惑散户，使他们看不出有主力资金进场。

接着看最重要的分时图形上的表现，投资者需要一点想象力。盘中主力缓慢连续性加价买入，会导致分时图价格形成一个小圆弧，如图1-19所示。

图1-19　小圆弧

图中最重要的形态是"小圆弧"，我们将它放大，就是图1-20所示的样子。

因为在交易时间内，操盘手不断买入卖一的挂单，买完，价格停留在新的卖一，操盘手继续对着这个价格买入，价格就一分一分上去了，最终在图形上就留下了一个小圆弧的痕迹。主力把这种小圆弧称作小金钩。小金钩就是主力主动买入在盘面上留下的"痕迹"。

补充一个细节：这种买入手法，从分笔明细看，基本是连续红的小单成交。这种吸货方式，是主动吃，是慢慢地吃，细嚼慢咽易于消化。更主要的是，其不容易暴露主力庄家吃货的痕迹。散户投资者掌握了这种主力吸货的手法，就不会被主力欺骗了。

（3）制造压力吸货。制造压力吸货，就是让散户觉得上方压力巨大，股价很难突破上方抛盘，这个时候散户投资者就会担心股价下跌，于是就尽快卖出，如图1-21所示。

卖五	5.00	10495
卖四	4.99	7810
卖三	4.98	3756
卖二	4.97	4146
卖一	4.96	1476
买一	4.95	1223
买二	4.94	1626
买三	4.93	1770
买四	4.92	8387
买五	4.91	3929

图1-20 小圆弧简图   图1-21 天花板挂单

我们深入思考可知，主力庄家真正要卖出手中的筹码，是不会挂出巨量抛单给散户投资者看的。主力故意暴露卖五、卖四两个天花板，却不往下砸，就有造假嫌疑。但是大多散户投资者看到的是表象，误认为价格上不去，自然而然就产生了抛出筹码的想法。

还有一种手法，就是夹板战法。庄家在买二、买三的位置和卖二、卖三的位置同时挂上大单，上有大压单，下有大托单。散户要想买卖，只能在买一和卖一的位置成交。主力这种控盘的手法，就是让散户投资者在指定价格买入、卖出，如图1-22所示。

卖五	4.82	735
卖四	4.81	674
卖三	4.80	1414
卖二	4.79	5069
卖一	4.78	369
买一	4.77	453
买二	4.76	1548
买三	4.74	193
买四	4.73	44
买五	4.72	261

图1-22 夹板挂单

价格被夹板控制，不上不下，成交只能在上下夹板之间，如图1-23所示。

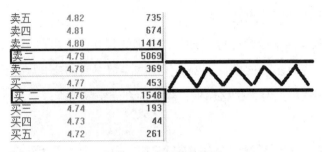

图 1-23　夹板挂单简图

以上分享了一些一看就懂的图形特征，图形虽然简单，但明白形成原理，就是大学问。从痕迹里面、细节当中，发现主力吸筹的行为，就是散户投资者狙击主力的一个新起点。

（4）制造恐慌，大量建仓。有时候主力庄家建仓很难买到筹码，向上拉升又会提高建仓成本。于是就会选择另外一种方式，通过制造恐慌，恐吓散户交出手中的筹码，从而达到建仓的目的。怎么制造恐慌？接下来通过打折理论来讲解一下个中细节。打折理论，就是最典型的一种建仓手法。

个股分时图全天横盘震荡，尾盘突然砸盘，让价格下跌10%，如图1-24所示。

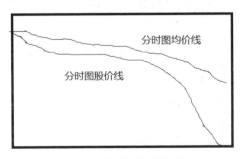

图 1-24　打折理论分时图

很多散户不明就里，慌忙抛出手中的筹码，此时主力庄家买入相当于正价打9折。一部分散户很顽固，没有被恐吓出局；也有一部分散户当天没有看盘，跌停也没有出局。那么散户当天晚上复盘，发现自己的股票跌停了，第二天一定会看盘，重点关注自己的个股。主力第二天会继续低开5个点，让这部分散户在此交出手中的筹码。主力低开 5 个点进场相当于 8.5 折，这就是笔者提出的股市中的"打折理论"。

本来下跌过程中散户的筹码都是"亏血大甩卖"，再打一个 8.5 折，此时主力建仓很合算。主力的操盘手就操作这些事情，底部建仓好比是给老板采购进货一样，同样的产品，价格越低，将来的利润空间越大。

第四节　打折理论的实战应用：地下掘金涨停板

地下掘金就是一种典型的主力"低吸"的技术。主力庄家通过盘中故意打压股价，把股价打低，然后在股价相对低位打折购买筹码。

首先说一个重要的逻辑：打折理论！任何人买东西，都喜欢买便宜货、打折货。开发商买地皮，也希望招标方打折卖给他。消费者去超市买商品，也非常喜欢购买打折的商品。在股市中人的本性被放大很多倍。所以，股市中有句话，炒股就是炒心态、炒人性。只有正确理解了人的心态，才能更好地判断主力庄家的一举一动。

接下来详细讲解庄家的地下掘金涨停板战法，也可以称为秘密小金库技术，如图 1-25 所示。

庄家的秘密小金库是怎么建成的呢？在股价下跌的末端，庄家通常会去做一个秘密小金库形态，具体如下。

（1）挖地下室，要先打桩，第一根桩是地面到地下，第二根桩是地下到地上，表现在 K 线图上，就是左长阴，右长阳，如图 1-26 所示。

图 1-25　秘密小金库 1　　　　图 1-26　秘密小金库 2

（2）图上最好有两个缺口，左右各一个。

解释一些本质的东西，也就是操盘的原理：操盘手要建仓，价格要尽量低。第一根打桩，一般要跳空杀跌到跌停，这是第一狠招。表现在 K 线图上，通常是长阴短柱，就是长长的阴线，短短的成交量柱，长阴是为了恐吓散户，短柱是主力没有大批卖出自己的筹码。然而有一部分散户，看懂了长阴短柱是主力洗盘，手持筹码不动。然后主力利用第二狠招，用时间换空间，把价格打下去，随之就是底部横盘不动，让盘面气氛非常沉闷，这时候成交极其不活跃，分钟分笔成交极少，耗时间，熬散户。散户心理都有一个共性，就是不怕涨，也不怕跌，就怕其他股票涨，自己手中的股票不动。主力通过底部横盘，让散户经历了心存希望，慢慢失望，直到彻底绝望的过程。这样，前期的止损盘、割肉盘就全部卖出了，主力操盘手在底下慢慢接筹码，并且控制住不放量，所以股价通常要在底部徘徊 10 天左右，多的一个月都有。直到市场上没有人卖出了，主力想买也买不进了，市场就出现了地量地价，这个时候主力低位收集了很多打折的筹码。

第二根桩，指的是右边的长阳线，最好是跳空涨停或长阳，主力以迅雷不及掩耳之势，脱离自己的持仓成本区。原因是买够了便宜货，要控制仓位风险，所以要把价格快速买上去，通常会对称地出现一根长阳线或者涨停阳线，形成一个"左长阴，右长阳"的凹口。这样，底仓就可以浮盈 10% 了，对主力来讲，10% 的利润到手，持仓的风险大大降低了。

发现了这个建仓的秘密小金库，就是发现了股价的起点。这个位置通常也是主力的成本，散户投资者及时跟进，一定会赚钱，只是时间问题。所谓的"地下掘金"就是这么掘出来的。实战案例如图 1-27 所示。

通宇通讯（002792）在 2020 年 9 月 10 日股价报收一根大阴线，看上去非常恐怖，很多散户就会止损出局；但是，我们仔细观察可以发现当天的成交量并不大。随后股价在底部横盘震荡，并呈无量状态。2020 年 9 月 18 日，股价在集合竞价时跳空高开，随后股价高走，迅速封住涨停。这就是秘密小金库战法的实战应用。

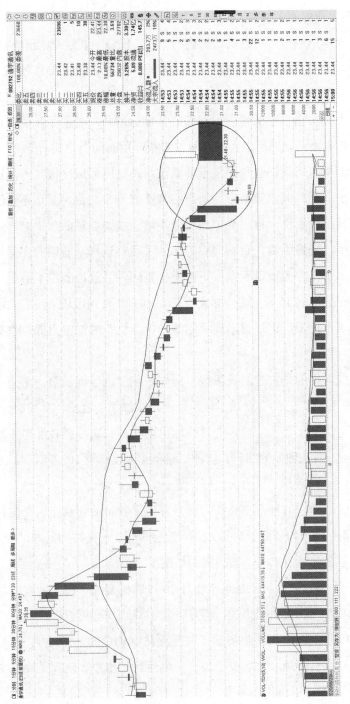

图 1-27 秘密小金库

具体如何买入发现秘密小金库的股票？不同的投资者要结合自己的操作模式和操作习惯来进行操作。

做中线波段的投资者可以在涨停日或次日跟进。插入一个细节，主力利用涨停板建仓，市场的抛盘主力照单全收，次日通常会高举高打。另外如何评估涨停板当天主力的吸货成本？很简单，看涨停当天分时图上的黄色均价线。

做短线的投资者，可以等待涨停后横盘整理或震仓洗盘低位买入。这种情况，是因为主力还没有吃足筹码，还要再清洗一下散户手中的浮筹。

补充一点，要想在盘中买到相对低点，必须把 K 线图、分时图、盘口三者结合起来，熟练应用之后完全可以做到。这一项技能对短线操盘手来讲是必须掌握的，把握了盘中相对高低位，就是把握了先机。

第五节　主力吸筹的七种方式

吸筹是主力机构坐庄计划正式实施的首要任务，能否收集到一定比例的低价筹码，关系到主力的整个操盘计划能否顺利进行。吸筹的前期阶段，大多数主力都是在极其隐蔽的情况下收集筹码的，这个阶段，短期盘口的变化不会十分明显，普通的散户投资者很难发现。而散户投资者要想在跟庄的过程中由被动变为主动，必须掌握主力吸筹建仓的方式及规律。

1. 横盘震荡式吸筹

横盘震荡式吸筹一般出现在股价长期下跌之后。主力在相对低位悄悄吸筹，只要市场上出现抛单，主力就会尽收囊中。一旦股价有所抬高，主力就会用少量筹码刻意把股价打压下去。因此，股价长期在一个窄小的区域内上下波动，形成横向震荡盘整的格局。很多散户投资者面对长时间横盘的走势，逐渐地失去了持股的耐心，于是便纷纷割肉出局，去寻找其他的强势个股。主力庄家则趁机悄悄吸纳这些廉价筹码，逐步完成吸筹建仓的任务。这种横盘震荡式建仓的时间一般需要 3 个月以上，有的则长达半年甚至更长。横盘震荡吸筹阶段，每天的 K 线都是小阴小阳，成交量也没有明显放大，只是主力长期累计的持股比例并不小。这种形态的股票一旦启动，通常都会走出一段不错的行情，如

图 1-28 所示。

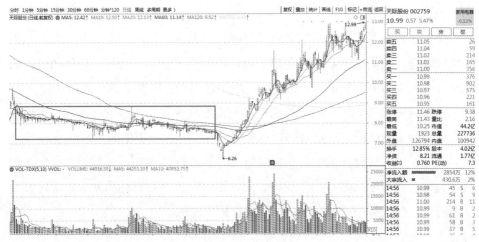

图 1-28　横盘震荡式吸筹

对于这种横盘震荡的吸筹建仓方式，散户投资者只需要耐心等待，持股者继续持股，空仓者也不要盲目介入。只需要在该股出现放量向上突破盘整格局的时候进场或加仓买进。应对主力的万千骗人的手法，以静制动有时候是最好的策略。

2. 箱体震荡式吸筹

箱体震荡式吸筹与横盘震荡式吸筹大同小异，只是箱体震荡的幅度稍微加大，量价关系有所不同。庄家用这种方式吸筹，股价通常会在一定的空间上下震荡；当股价上升至某一高点时，主力就会在盘中抛出一定的筹码，将股价打压下来，而当股价回落到某一个低点的位置时，主力又会用资金把股价托住，防止股价回落之后其他主力以更低的成本买进。这样就会在高点的某个价位和低点的某个价位形成箱体的高低点。股价的波动维持在箱体内部。成交量方面，会呈现出"上涨放量，下跌缩量"的量价结构，也就是主力在箱体内"一张一弛"，吸筹时股价放量上涨，打压时股价缩量下跌。另外，需要注意的是，股价在箱体内上下震荡的频率越大，上下循环周期越短，主力痕迹越明显。主力用箱体横盘震荡式吸筹，一方面可以把自己的建仓成本控制在一定的范围之内，另一方面也可以通过箱体内的高抛低吸做出差价，降低持仓成本，如图 1-29 所示。

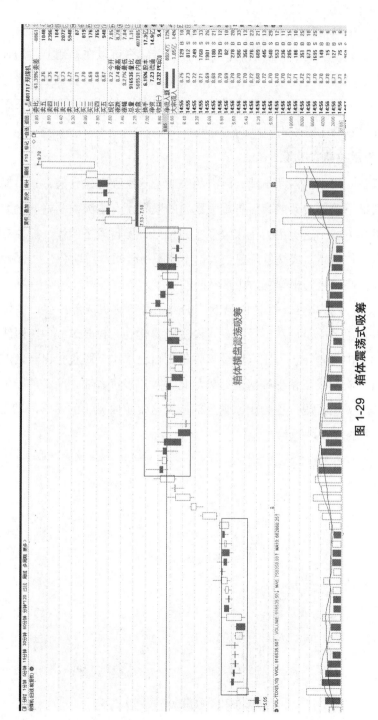

图 1-29　箱体震荡式吸筹

对于箱体横盘震荡式吸筹，散户投资者应该制订相应的策略和措施。看明白主力控制股价的高点和低点后，散户投资者完全可以在箱体上边沿画出压力线，在下边沿画出支撑线，进行箱体内高抛低吸，从而赚取价差，这也是一种安全的套利方法。对于没时间看盘的散户投资者，可以在股价放量突破箱体上边沿的时候入场，跟随主力进入拉升的行情。

3. 放量拉高式吸筹

放量拉高式吸筹，并不适合所有的个股。这种吸筹建仓的方式主要针对冷门股、长期下跌的股票或背后有重大题材的股票，有些突发利好的股票也会出现这种吸筹方式。这类主力庄家大多实力雄厚，操盘风格凶悍，抓住时机将股价迅速从低位抬高，成交量急速放大，用空间换时间，后期必有大的涨幅。

放量拉高式吸筹根据主力庄家不同的情况，大致可以分为两种类型。

（1）急速拉高型。这种情况下，主力庄家等时机成熟，会将股价从低位急速拉升，更多的是用涨停板的方式逼空吸筹建仓。拉升过程中，短线获利盘不断抛出手中筹码，主力庄家则全部收集到自己手中。股价拉出一定的空间后形成平台、旗形或三角形等整理态势，此时散户投资者往往经不住股价整理的折磨而继续抛出筹码，主力庄家则全部接受这个阶段抛出的筹码，以完成吸筹的任务，如图 1-30 所示。

图 1-30　放量拉高式吸筹

（2）连续拉升型。股价长期下跌后处于相对的历史低位，这个时候散户投资者会产生惜售的心理，甚至部分散户投资者也在低位买入股票，这就导致主力无法在低位获取足够的筹码。为了达到自己吸筹的目的，主力通常会付出一些代价，就是通过震荡拉高股价，让低位的散户持仓者获利，并通过盘中加大振幅，引发散户大量抛盘，让部分不坚定的散户投资者落袋为安。主力却不动声色地吸筹，如图 1-31 所示。

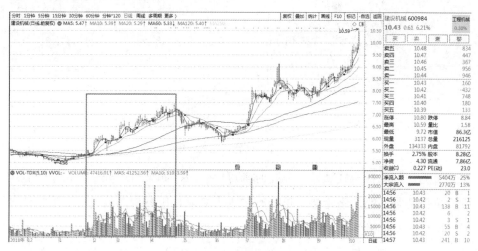

图 1-31　震荡拉高吸筹

对于放量拉高吸筹的个股，散户投资者如何既能跟紧主力，又能有效避开主力的陷阱？前期低位持有仓位的散户投资者，可以在主力拉高的时候先出局，回避主力的缩量回调。同时建议散户投资者：千万不要在放量拉高的时候追高进场，一定要耐心等待，等待股价回调整理结束，再一次重新放量上攻时，抓住主力的尾巴再次上车。

4. 刻意打压式吸筹

主力实施刻意打压式吸筹策略的前提条件是主力庄家手里有一定的筹码。主力运用手中已有的少量筹码，通过操盘手法迅速将股价打低，盘面上股价走势十分难看，使散户在心理上产生恐慌情绪甚至完全崩溃，不计成本地纷纷割肉出局，主力庄家则照单全收。一般情况下，主力会选择合适的时机打压股价，比如大盘深幅回调走弱、股价向下跌破关键价位或个股出现突发利空时等。这样进行打压吸筹，成本低，效果却十分明显，如图 1-32 所示。

图 1-32　刻意打压式吸筹

可见，刻意打压式吸筹并非随时都可以使用，如果市场处于牛市中，且个股股价保持强劲的上涨走势，这个时候主力刻意打压股价，只会给其他投资者提供用更低的价格买入的机会。

对于主力刻意打压式吸筹，散户投资者也应根据不同情况做出相应措施。在主力开始打压股价初期，散户投资者手中有一定的筹码，如果仓位较重的话，可以先出场，等待低点出现再接回筹码；如果仓位较轻的话，散户投资者可以持股观望，等待股价止跌企稳再加仓进场。对于空仓的散户投资者，可以空仓观望，不要急于抄底，一定要等到止跌企稳，出现反转 K 线再考虑进场。

5. 下跌反弹式吸筹

主力庄家提前看好某只个股，会在股价下跌的末端开始吸筹建仓，一方面可以节省吸筹的时间；另一方面，股价的回落会导致散户投资者因心理崩溃而抛出手中廉价筹码。这个时候，主力会利用散户投资者"高抛低吸""抢反弹出货""逢高减磅""恐慌侥幸"的心理，通过反反复复的下跌和反弹，来获取散户投资者手中的筹码。这种吸筹方式更多体现的是与散户投资者之间的心理博弈，主力利用自身的信息优势、资金优势、团队优势完全可以占到上风，从而快速完成建仓任务。

　　下跌反弹式吸筹情况下，主力通常会有两种吸筹形式。一种是主力人为设置阻力位。在股价下跌过程中，主力收集筹码，会引发股价出现反弹走势。股价反弹到一定的高度，也就是主力人为设置的阻力位，为了引发更多抛盘，主力就会开始打压股价，经过几次反复的下跌与反弹，散户投资者受到逐利心理的驱使，就形成了"股价反弹到某一价位就要先出场，等到低位再捡回来"的思维定势，主力则刚好利用散户的"聪明"，将反弹后散户投资者抛出的筹码全部收纳。在底部吸筹过程中，K线图上会呈现出 W 底、复合头肩底等底部形态，其颈线位就是主力提前设置好的阻力位，如图 1-33 所示。

图 1-33　下跌反弹式吸筹

　　另外一种是主力加速赶底反弹后横盘。在股价下跌的末端，主力通常会打出几根大阴线，实现加速赶底，将大部分散户投资者的筹码恐吓出局。然后股价开始反弹，反弹到筹码密集区，开始出现长时间的平台整理走势。散户投资者看到股价不涨不跌，大多会失去持股耐心。对于散户投资者抛出的筹码，主力则会欣然接受，如图 1-34 所示。

　　下跌反弹式吸筹，对于散户投资者来说，最好不参与操作。因为一旦把握不好节奏，很容易出现套牢的结果。最好的应对技巧就是在底部耐心等待；一且股价不再创出新低，并且创出新高的时候，再考虑进场交易。也可以等待股价放量突破颈线位买入或加仓。股市当中，很多时候等待也是一种好的交易策略。

图 1-34　加速赶底反弹横盘

6. 低位跌停式吸筹

投资者应该明白，主力吸筹是一个过程，在这个过程中并非只买不卖。有时候为了获得更多的筹码，或者获得更廉价的筹码，主力也会使用最凶狠的招式，就是低位跌停式吸筹。主力故意将股票打至跌停价位，然后就在跌停板价位处挂出巨额卖单，从盘口表现来看，杀跌力量强悍，给散户投资者制造后市还会继续下跌的假象，看不明白的散户投资者则可能恐慌性地以跌停价纷纷抛出手中筹码。此时，主力便会采取不断地挂单撤单的操盘手法，悄悄撤掉原来挂出的巨额卖单，并吃进散户抛出的筹码，同时再挂上与撤单数量相近的卖单，排在散户投资者大量抛单之后，使委卖处的挂单不会有明显的变化。实际成交则是散户卖出，主力买进，如图 1-35 所示。

对于低位跌停式吸筹，有经验的散户投资者不会盲目杀跌，进入主力设置的诱空陷阱。遇到低位跌停的走势，主要应该考虑以下因素：大盘是否见底，个股是否出现实质性利空，股价所处的位置、成交量的大小、分时图的细节，等等，只有经过综合研判，才能确定主力行为的性质。

图 1-35　低位跌停式吸筹

7. 近端次新股吸筹

庄家炒作近端次新股时，其吸筹的动作有两种形式。一种是在新股上市后的前几天，一旦打开涨停，主力快速、大量地收集筹码。散户投资者因为对新股不是很了解，又没有技术分析可以参考，大都不敢轻易买进。对于中签的散户投资者，会因为股价连续涨停带来丰厚的利润；一旦封不住涨停，大都会在巨量阴线的恐吓下获利了结，这种吸筹方式对主力来说相对容易，如图1-36所示。

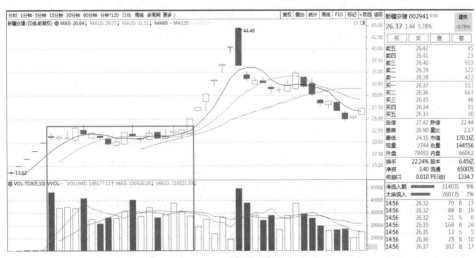

图 1-36　次新巨量阴线吸筹

另外一种吸筹的动作是新股打开涨停之后，开始出现回落走势，一般回落的幅度并不大，日K线大多呈现圆弧形态，这个阶段阴线缩量，阳线放量，这就是主力吸筹的蛛丝马迹，如图1-37所示。

图1-37　次新圆弧吸筹

对于近端次新股的主力吸筹，模式相对比较单一。散户投资者要牢记这样的形态。如果新股涨停打开后，没能选择连续上涨，散户投资者可以等待股价回调，再次突破历史前高时即可进场。对于开板就连续上行的个股，可以根据当时市场的情绪和人气做出判断，再决定是否参与其中。

第六节　主力吸筹与洗盘的成交量特征

股市中有一句话："技术指标千变万化，成交量才是实打实的买卖。"这说明了成交量在实盘操作中的重要参考作用。成交量的形态和性质，在一定程度上代表着市场上多空双方的真实意图。所以，想理解主力吸筹的确切内涵，必须懂得成交量的重要作用。

主力吸筹是一个复杂多变的过程，在成交量上也会呈现出多种形态。接下来列举几种重要的主力吸筹的成交量形态。

1.　A型成交量

一只个股的成交量在前期持续低迷，某一天开始出现连续几天的温和放量形态，价格缓慢上行，成交量持续放大；随着成交量的缩小，股价缓慢回落，这种放量缩量形态形成了"量堆"，其形状类似英文字母"A"，所以称为A型成交量，如图1-38所示。

图1-38　A型成交量

在相对的底部区域，个股出现"量堆"现象，一般就可以表明有实力资金在介入。但这并不意味着投资者就可以马上介入，因为股价在底部出现温和放量之后，通常会在量缩时出现回落。这种缩量调整的时间通常根据主力的操盘计划来定，少则十几天，多则几个月，所以此时散户投资者可以选择回避主力吸筹的行情，或者分批逢低进场；一旦进场，就要有足够的耐心等待主力吸筹完毕后的拉升。需要强调的是，在支持买进的理由没有被证明是错误时不要轻易出局，除非是因为调整价位低于主力建仓的成本区，说明市场的抛压还很大，后市调整的可能性较大。所以，散户投资者选择个股，尽量选择当股价温和放量上扬之后其调整幅度没有低于放量前期的低点的个股，至少说明主力资金在护盘。

2.　突放巨量

突放巨量在股市中是一种常见的成交量形态。因股价所处的位置不同，突放巨量的意义也不一样。

通常来讲，上涨过程中突放巨量一般代表多方竭尽全力向上拉升，做多力量使用殆尽，后市继续上涨将比较困难，如图1-39所示。

反之，下跌末端的突放巨量，一般代表空方力量的最后一次集中释放，做空的力量使用殆尽，后市继续下跌的可能性很小，恰恰是短线反弹的机会，如图 1-40 所示。

图 1-39　突放巨量 1

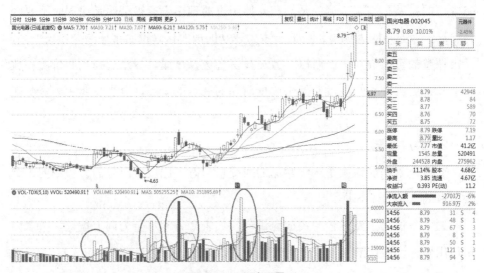

图 1-40　突放巨量 2

底部突放巨量，一种是主力加速吸筹建仓，不惜拉高股价，将盘中所有抛盘全部吃掉，当天走出巨量的中大阳线；另一种是高开低走，突放巨量，收出高开低走的巨量大阴线或者假阴真阳线。一方面大量收集散户投资者的抛盘，另一方面对场内的散户投资者进行凶狠洗盘，一箭双雕。散户朋友针对这样的走势，千万不要被主力的伎俩所欺骗。一定要敢于在回调的相对低位抢进筹码。记住，K线的位置决定K线的性质，性质才决定成败。

3. 平量吸筹

主力资金在吸筹时，成交量并不一定都是放量。很多时候，主力会选择用时间换筹码。在股价底部区域长期横盘，磨掉散户投资者的持股意志，只要有足够的耐心，在底部多盘整一段时间就行。这种吸筹方式，主力通常是悄悄地收集筹码，成交量上表现平平，其他投资者很难看出破绽。但这种个股一旦向上突破，都会走出一波量价齐升的行情，如图1-41所示。

在主力底部吸筹的阶段，散户投资者不仅要看懂成交量的形态特征，还要看明白主力洗盘的动作，只有根据成交量的性质判断出主力的意图，才能够做到更好地跟踪主力，准确地捕捉到主力的"七寸"。

要想对主力是不是在洗盘做出一个较为准确的判断，需要掌握成交量变化的如下特征。

（1）由于主力机构在建仓阶段的大量吸筹，使前期处于阴跌的个股随着资金的进入开始变得活跃，换手率变大，成交量也呈现出连续放大的态势，股价也随着有所上涨。在量增价涨的过程中，难免有部分散户随着主力买进筹码并处于盈利状态。主力为了减轻后期的拉升压力，需要将获利的散户筹码洗出局。于是主力会构造波段的头部形态，并开始打压股价，让获利的散户的利润空间变得越来越少，直到大多数获利的散户对股价失去信心，进而抛出手中的筹码。这个阶段，股价下跌，但成交量呈现缩量状态。这是因为主力并没有大规模地出货，只是用少量的筹码将股价打低，如图1-42所示。

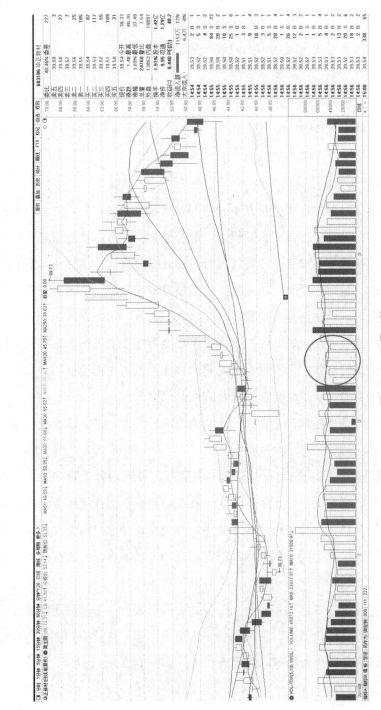

图 1-41 平量吸筹

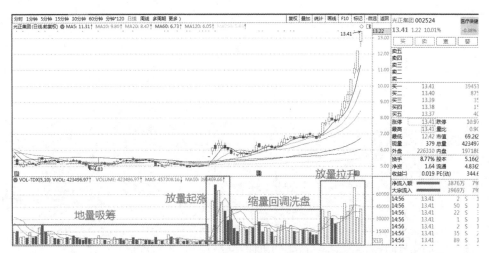

图 1-42　成交量收放有序

（2）主力为了达到操盘的意图刻意洗盘时，盘面上会留下明显的特征。K线组合表现出连续阴线，偶尔出现停顿的十字星和小阳线。有时候也会出现一根中大阴线，制造出一种主力出货的假象。但只要细心观察就可以发现，即使出现了中大阴线，一般情况下是不会跌破十日线或二十日线的。一方面主力要控制股价，使其不能跌得过低，防止更多的散户以低成本进场；另一方面主力要保证不能跌破自己的持仓均价，从而保证自己仓位的安全。当短期移动平均线对股价构成明显支撑时，主力通常也会在低位回补仓位，保证自己的持仓比例在一定的范围之内，如图 1-43 所示。

（3）主力洗盘过程中，投资者应该重点关注成交量均线的变化。通常情况下，主力洗盘，成交量萎缩，导致成交量均线向下或走平，甚至会出现成交量柱低于成交量均线的形态。一旦洗盘完毕，成交量均线会随着成交量的放大拐头向上。大多时候，洗盘时的成交量均线会呈现一个"圆弧底"的形态。另外，OBV（能量潮）指标也是研判成交量的一个非常有效的指标。只要OBV一直保持开口向上，就说明主力持续增仓，后期股价必将上行。尤其需要注意的是，当OBV不断创出新高，紧顶右上角时，通常是个股大幅上涨的前奏，如图 1-44 所示。

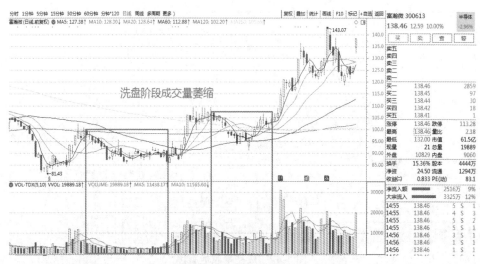

图 1-43　缩量洗盘

图 1-44　OBV 指标

需要补充的是，成交量虽是价的先行，但并不意味着成交量决定一切，在价、量、时、空四大要素中，价格是最基本的出发点，离开了价格其他因素也就成了无源之水、无本之木。成交量可以配合价格进行研判，但决不会决定价格的变化。

第七节　主力吸筹的筹码峰表现

在分析股票的过程中，我们不能只看表面的股价涨跌，还要懂得目标个股内部仓位结构分布的大致情况，清晰地看懂目标个股内部的价格分布情况，某个价位的筹码沉淀状态，当前市场的综合平均成本，等等。投资者可以通过"筹码峰"指标，了解以上信息，再结合其他的技术分析，做出正确的投资决策。需要指出的是，筹码峰指标也有其自身的局限性，一方面不太适合短线操作，另一方面筹码峰的模糊性不能精准地反映出市场筹码状况。

股价的运行路径，就是由低位到高位，再由高位到低位，循环往复。股价的运行过程同时也是资金和筹码的交换过程。如果一只股票的筹码在相对高位呈现单峰密集，则后市下跌的风险较大；反之，如果一只股票的筹码在相对低位呈现单峰密集，则后市上涨的机会较大。

大家都知道，主力的资金规模较大，在买卖股票的过程中，伴随着股价的起伏走势，筹码会相应地进行转移。所以，投资者在观察股价运行的过程中，可以通过筹码的转移来判断股价的高低、趋势的涨跌，这样可以对后市的行情有一个方向性的把握。掌握并灵活运用筹码峰指标，就可以看主力的持仓价位变化，这样更有利于散户投资者实现跟庄的目的。

1. 发现庄家锁定筹码的密码

主力在吸货即将完成时，筹码大多锁定在自己手中，盘面上会留下很多痕迹，主要的有以下几点。

（1）股价走势我行我素，相对大盘走出独立行情。在看盘过程中，我们经常发现一些个股不随大盘的上下而涨跌。大盘跌时它不跌，大盘涨时它不涨，大盘横盘时它启动。这种迹象通常表明大部分筹码已被庄家锁定。当大盘向下时，会有部分浮筹砸盘，庄家便在下方设置大量买单，托住抛盘，封死下跌空间，防止廉价筹码被其他参与者抢走；当大盘向上时，会有其他资金参与进来抢盘，如果庄家此刻不想让其他势力参与进来或者此时按计划仍不想发动行情，便会在现价上方设置大量卖单，压制股价上行，封住股价的上涨空间，股价就横向盘整。当大盘横盘时，庄家会提前启动行情，走出强于大盘的上涨走势。

（2）盘中经常出现"假摔"现象或"反常"现象。有时候突发利空，主力措手不及，散户抛出筹码，会导致股价回落，但成交量通常缩量。当天可能跌破关键价位，但第二天便出现一根中大阳线，形成阳包阴走势，并收复了跌破的关键价位。另外一种情况，当天出现利空，股价不跌反涨。在利空消息的刺激下，股价应该下跌，但是主力却使用更多的资金承接抛盘，盘面上抛盘很多而接盘更多，慢慢地，抛盘减少，股价企稳并开始向上。

（3）盘面上出现缩量大阳或者缩量涨停的 K 线形态。主力吸筹过程中，有时候抛盘较大，主力全部承接，成交量会明显放出；有时候主力吸筹，不惜代价拉高建仓，也会导致成交量放大。但是到了吸筹建仓的后期，主力吸筹比例已经接近完成，这个时候，抛盘较少，主力使用少量的资金就可以拉出中大阳线或涨停，这也说明主力收集的筹码已经具备了控盘能力，也就是吸筹工作基本完成。

（4）主力"上拉下打"，成交"忽多忽少"。主力经过大量的吸筹建仓，掌握了一定比例的筹码，具备了控盘的条件，开始用少量的筹码做图骗线。目的就是洗掉短线的获利盘，同时提高市场换手率，让市场持仓成本抬高，为后期的拉升股价做好准备。主力做图骗线通常有两种手法：一是 K 线走势在波顶与波谷之间起伏不定，长上下影线增多，分时走势图"上拉下打"剧烈震荡，成交量极度萎缩。二是盘口上，委买、委卖之间价格差距极其不规则，时而相差几分，时而相差几毛，让投资者感觉机会与风险难以把握。分笔成交也极不规则，时而一分钟成交多笔，时而几分钟才成交一笔，成交呆滞，表现在分时走势图上，价格分时线出现横线或竖线，说明浮动筹码极少，上方抛压不大，下方支撑有效，如图 1-45 所示。

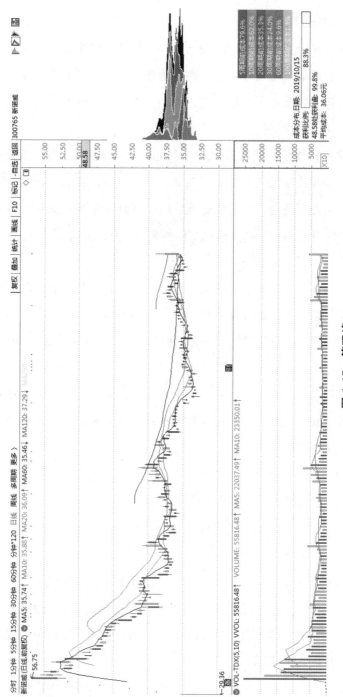

图 1-45　筹码峰

2. 低位单峰密集选股绝技

主力运作一只个股，在不同阶段，筹码峰的表现也不相同。吸筹阶段，会在股价相对低位形成单峰密集状态；洗盘阶段，股价会围绕筹码峰上下震荡；拉升阶段，股价会突破筹码峰向上攻击；出货阶段，低位的筹码峰越来越小，高位的筹码峰会越来也密集。

分析方框中 K 线价格位的筹码分布，此时获利盘较多，套牢盘较少，说明上方抛压不重，股价继续上行的概率较大。获利盘中，红线较长的地方说明筹码集中，多是主力在建仓，一般这种股票后期都会有涨势，如图 1-46 所示。

那么，如何用筹码峰判断股价底部的到来？下面以股票湖南天雁（600698）为例进行说明，如图 1-47 所示。

股价从相对高位下跌，看筹码峰，成本基本都在高位。股价跌到这里，上面的筹码都是被套住的，是亏损筹码，如图 1-48 所示。

股价继续下跌，而且是暴跌走势，在相对高位的许多筹码还没来得及跑掉，因为跌势太猛了。

股价经过较长时间的下跌，主力大量的建仓之后，移动成本分布转移到低位并形成单峰密集。股价一旦放量突破低位的单峰密集，通常是一轮上升行情的征兆，如图 1-49 所示。

许多散户投资者经常抱怨：为什么一买就跌一卖就涨？原因是散户缺乏股市里的操作技巧，不懂得如何把握趋势、位置、形态等技术分析要素。通过筹码峰的学习，我们知道，所有的牛股拉升前都会出现低位单峰密集形态。选股就要选择低位单峰密集的个股。

低位单峰密集，是指某只个股的成本分布在某个低位区域内，形成高度密集的状态，筹码峰呈现出低位单峰密集图形。这是上方套牢盘逐渐割肉出局的结果，也是主力在低位长期吸筹的结果。一旦出现低位单峰密集，说明主力吸筹基本完成，如图 1-50 所示。

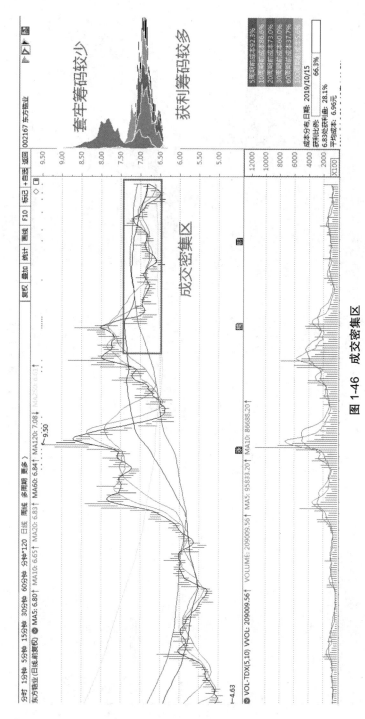

图 1-46　成交密集区

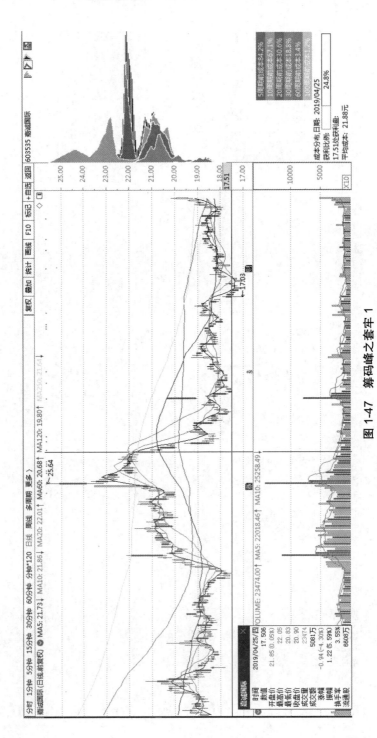

图 1-47 筹码峰之套牢 1

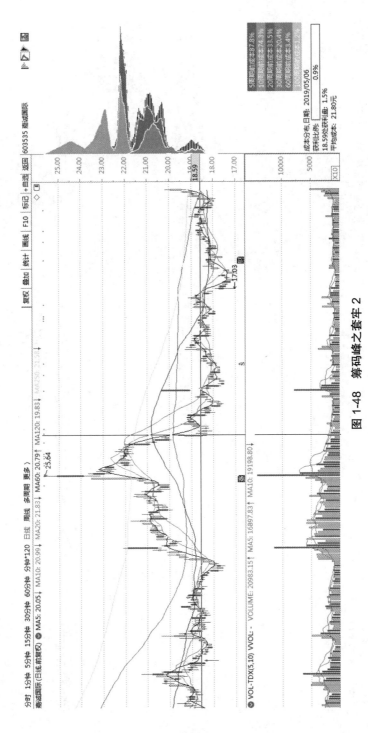

图 1-48 筹码峰之套牢 2

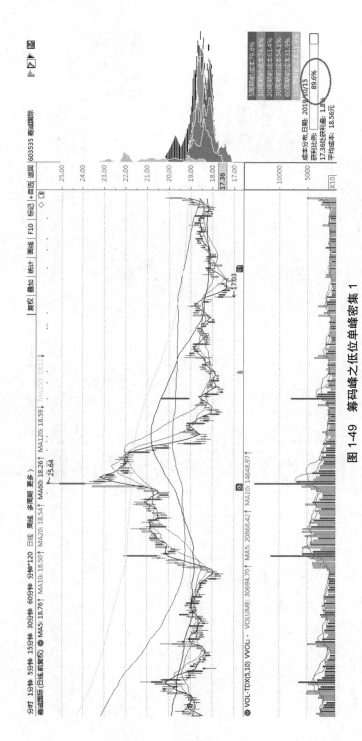

图1-49　筹码峰之低位单峰密集1

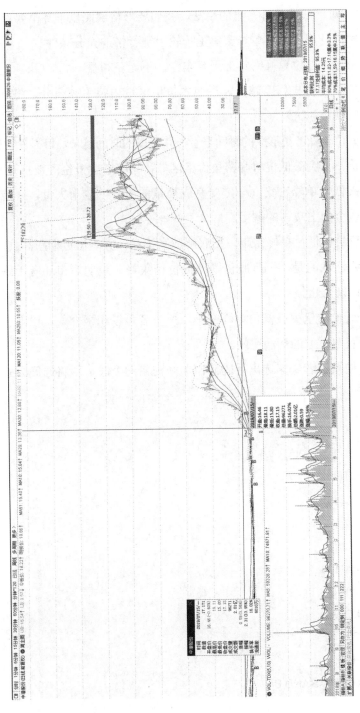

图 1-50　筹码峰之低位单峰密集 2

实战中，对于低位单峰密集的用法，我们要严格遵照以下几个要点。

☐ 成本部分形成低位单峰密集是一轮上涨行情的充分条件。

☐ 图形上，低位单峰密集上无套牢盘，下无获利盘。

☐ 低位单峰密集程度越大，说明本价格区域内换手越充分，将来上涨的空间就会越大。

☐ 从低位单峰密集形成的时间来看，其形成的时间越长，可靠性就越强。

☐ 股价一旦突破低位单峰密集价格区域，意味着上升空间被打开。

☐ 突破低位单峰密集，一定要有成交量的配合。放出大量，才能表明主力资金向上攻击的欲望。

☐ 股价突破低位单峰密集，彻底解放套牢盘，并走出近期新高。

☐ 需要注意的是，一旦股价跌破低位密集峰，说明后市还有下跌空间，应该及时止损。

可见，股价放量突破低位单峰密集，投资者可以积极介入，以期在相对的低位进场，获取更大的利润空间。

为了方便投资者快速选出筹码低位单峰密集的个股，现将选股公式源码公布出来。

```
MJ:=8;
T:=100;
A1:=COST(85);
A2:=COST(15);
A3:=A1-A2;
A4:=(A1 A2)/2;
A5:=A3/A4*100
B1:=HHV(HIGH,T);
B:=LLV(LOW,T);
B3:=B1-B2;
B4:=(A4-B2);
低位单峰密集 :A5 AND B4;
```

第八节　主力吸筹接近尾声的判断

在实际操作中，散户投资者一旦判断主力吸货接近尾声，就可以伺机进场。能在主力拉升的前夜进场，搭上主力的顺风车，一般都会有可观的收益。这也是散户投资者应该学习本节内容的主要目的。

实践证明，具备下述特征之一就可以初步判断主力吸货已进入尾声，如图 1-51 所示。

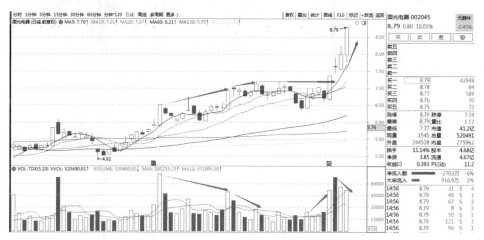

图 1-51　吸筹接近尾声

（1）放很小的量就能拉出长阳或封死涨停。主力充分吸筹之后，市场上的流通筹码相对较少，大多数筹码已经控制在主力手中。一般情况下，主力持股流通盘的比例在 60% ～ 80%。主力庄家已经具备了绝对的控盘能力，不费吹灰之力就可以拉高股价，这个时候，说明吸筹工作已经接近尾声。

（2）K 线走势我行我素，不理会大盘走出独立行情的股票，这种情况通常表明大部分筹码已落入主力手中。当大盘强势上涨时，难免会有其他资金进场抢筹，主力为了防止受到干扰，会选择砸盘，封住上涨空间，让其他资金知难而退。当大盘向下走弱时，会有部分筹码顺势抛出，造成股价降低。主力为了防止其他资金抢到廉价筹码，会大单托盘，吃进抛单阻止股价下跌。这说明主力吸筹已经控制了大部分筹码，如图 1-52 所示。

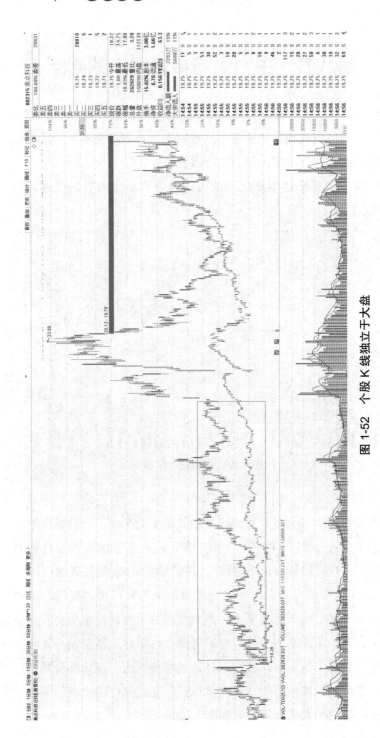

图 1-52 个股 K 线独立于大盘

（3）K 线走势起伏不定，分时走势图剧烈震荡，成交量极度萎缩。主力到了吸筹阶段的末期，为了洗掉短线获利盘，让不看好后市的获利者尽早下车，主力通常会用少量的手中筹码，加大股价的振幅，打击散户投资者的持股信心。从日 K 线上看，股价起伏不定，一会儿到了浪尖，一会儿到了谷底，表面上看没有规律可言，但股价总是冲不破箱顶也跌不破箱底，成交量极度萎缩。从分时图上看，盘中走势大幅震荡，委买、委卖之间经常出现断档，成交量也非常不规则，时而频繁成交，时而成交呆滞，这也是主力吸筹进入尾声的特征之一。

（4）当遇到利空消息打击，股价不跌反涨或当天虽有小幅无量回调但第二天便收出中大阳线，股价迅速恢复到原来的价位。究其原因，临近吸筹的尾声，主力手中筹码较多，这时主力不想因利空把股价打下去，担心散户有机会低位吸筹捡到廉价筹码。主力会选择利用资金优势，将盘面上的抛盘全部接手，起到护盘的作用。

在实战中，主力吸筹的量价形态研究是技术分析的一个重要方面，投资者应予以足够的重视。

一般庄家吸筹结束之后不会立刻拉升股价，而是会通过洗盘将其他浮盘震荡出局，此时也是散户跟庄的最佳机会，当分辨出一只股票已经进入庄家建仓末期时，股民朋友们可以多加留意，寻找机会跟上庄家的脚步。

至此，本章内容讲解了主力吸筹的 K 线特征以及四种盘口吸货手法，并分析了打折理论的实战应用——地下掘金战法，对理解主力的意图具有很好的示范作用，同时也有很强的实战意义。最后通过介绍吸货完成的盘面特征，让散户投资者明白吸筹的完成，也就预示着拉升的开始。对于大多数散户投资者来讲，吸筹的阶段可以不参与，但不能看不明白。只有看明白了吸筹的过程，散户投资者才能在即将完成吸筹时及时参与进去，享受主力拉升的乐趣。

为了方便投资者准确判断主力是否吸筹完毕，开始启动行情，以下是抄底进场拉升指标，效果如图 1-53 所示。

指标名称：抄底进场拉升
指标源码：

```
90,COLORBLUE;
VAR1:=REF((LOW+OPEN+CLOSE+HIGH)/4,1);
```

VAR2:=SMA(ABS(LOW-VAR1),13,1)/SMA(MAX(LOW-VAR1,0),10,1);

VAR3:=EMA(VAR2,10);

VAR4:=LLV(LOW,33);

VAR5:=EMA(IF(LOW<=VAR4,VAR3,0),3);

主力进场:STICKLINE(VAR5>REF(VAR5,1),0,VAR5,7,0),COLORRED;

洗盘:STICKLINE(VAR5<REF(VAR5,1),0,VAR5,7,0),COLORGREEN;

趋势线:3*SMA((CLOSE-LLV(LOW,27))/(HHV(HIGH,27)-LLV(LOW,27))*100,5,1)-2*
SMA(SMA((CLOSE-LLV(LOW,27))/(HHV(HIGH,27)-LLV(LOW,27))*100,5,1),3,1);

趋势:EMA(EMA(趋势线 ,3),1);

见底信号:2;

买点准备:IF(趋势线 <=10,50,0);

买入时间:IF(CROSS(趋势线 , 见底信号),100,0),COLORCYAN;

主进场:IF(VAR5>REF(VAR5,1),1,0);

卖出警戒:STICKLINE(趋势线 >=85,100,80,2,0),COLORMAGENTA;

止损出局:STICKLINE(CROSS(90, 趋势线),100,70,3,0),COLORFFF666;

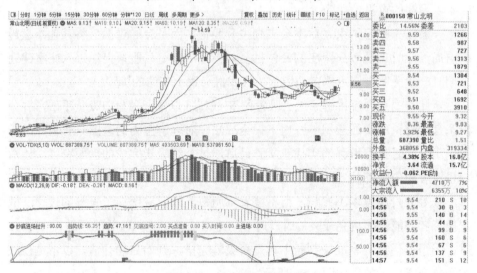

图 1-53　抄底进场拉升指标

指标使用说明:

当指标出现红绿柱时就要开始关注,未来几天如果快线上穿慢线,当天即可买入。此指标成功率极高。

股市赢家:
操盘跟庄实战技法

第二章

拉

拉，是指拉升股价。这个阶段股价进入主升浪，股价上涨速度较快，上涨空间可观，也是最值得散户投资者参与的行情阶段。主力在相对低位完成吸货建仓之后，坐庄的基础工作便告一段落。接下来就进入拉升股价的阶段，一方面脱离其持仓成本区域，另一方面打出利润空间。当然，拉升股价并非简单地拉抬股价。也会有很多"不可告人"的操作手法，亦真亦假，虚实结合，一边拉抬股价，一边用少量筹码打压做图，同时还要保证股价不至于跌破关键价位。在这个过程中，主力的大部分底仓是持仓不动的，锁定在低位吸筹区域，等到股价拉抬到一定高位再进行获利套现。对于大多数散户而言，因为看不懂主力的操作意图，又无法精准预测主力拉升的目标价位，最常见的就是追涨甚至追高行为。主力则趁机边卖边买，控制着股价拉升的节奏，实施了天衣无缝的"抬轿计划"。可以说，在股价拉升阶段，主力主要结合大盘的环境，控制股价涨跌的节奏，但大多数拉升股价的工作由散户资金完成，主力只需利用其筹码优势，坐收渔翁之利。

第一节　拉与涨的区别

拉升，是离赚钱最近的环节，也是赚钱最快的阶段。在分析个股走势的过程中，拿到任何一只股票，投资者如果不能判别个股是否进入拉升阶段，那就不可能做到跟随主力庄家进入主升浪。可见，深入研究主力拉升的相关内容显得非常重要。

在研究主力拉升股价之前，从专业的角度，我们必须把"拉"跟"涨"先严格区分开来。

首先，我们从感官上认识一下"涨"与"拉"的区别，如图 2-1 和图 2-2 所示。

仔细观察图 2-1 和图 2-2，可能看不出什么差异。接下来，将两幅图合并在一起，如图 2-3 所示。

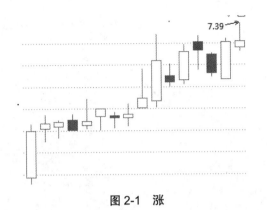

图2-1 涨

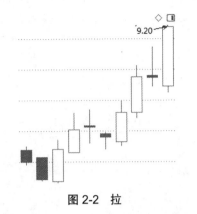

图2-2 拉

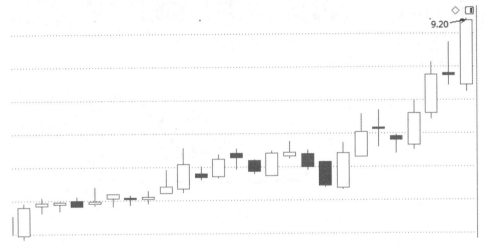

图2-3 涨与拉

　　大家可以发现，两幅图分开看，上涨角度相差无几，而合并成一幅图看，上涨角度却不一样。究其原因，是行情软件里面的自动缩放功能欺骗了我们的眼睛。当整版总的振幅不大时，所有小幅度的上涨，都被放大到45度上涨。而当后市出现更急的上涨以后，之前45度上涨的，就变成30度甚至更小的角度，而后面的上涨波段就变成60度上涨，如图2-4所示。

　　在分析行情时，当你突然发现，近两天的上涨，把原来45度的上涨走势变成更小的角度时，说明上涨开始加速了，也就是说，这个位置就是拉升的起点。我们可以将这一过程称为"变轨"，如图2-5所示。

图 2-4　变轨 1

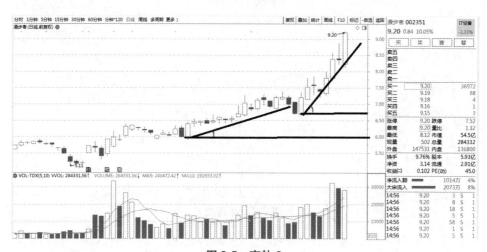

图 2-5　变轨 2

　　图中，在一两天内，上涨角度变化相当明显。原来的 45 度上涨角度明显变小，而之后的行情，新增的角度看上去接近 60 度，这也就是主力拉升的开始。在平时复盘过程中，一定要经常翻阅 K 线走势，重点关注"变轨"的个股，只有经常训练，才能有很好的盘感，才能更好地感受到"拉"的起点所在的位置。

　　由此可见，"变轨"导致的角度压缩，是分辨上涨与拉升的要诀。

　　分时图上，道理也是一样的。同样由于软件的自动缩放功能，给我们留下了这个视觉偏差。我们可以据此去发现行情的加速点，如图 2-6 ～图 2-8 所示。

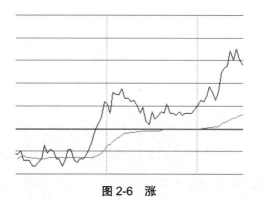

图 2-6　涨

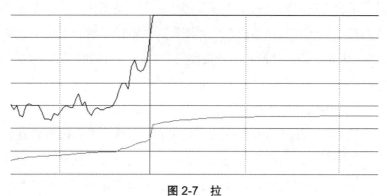

图 2-7　拉

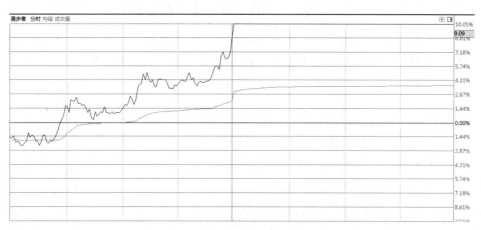

图 2-8　涨与拉

　　仔细看图，能否发现有什么不一样？再次将正负分时图拆分开进行对比，如图 2-9 所示。

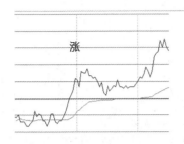 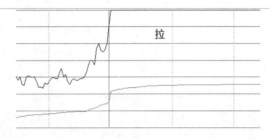

图 2-9　涨与拉

图形上的区别，投资者很容易理解，经过大量的训练，多看一些图就可以养成"发现机会"的习惯；关于"涨"与"拉"，请记住，"涨"与"拉"的最本质区别在于"快"与"不快"；"涨"的过程中，散户进场不进场，主力不会太在意，因为主力已经控制了一定比例的筹码，受到散户的影响很小；"拉"的过程中，主力是不希望散户投资者买入成交的，所以"拉"的动作是时间短、速度快，让场外的散户投资者措手不及甚至产生恐惧的情绪。

原因很简单，"拉"的过程中散户投资者买入成交的筹码，就意味着坐轿了。主力"拉"得快，让散户投资者来不及反应进场，等拉出一定的高度，散户反应过来的时候，进场就是追高，主力又会使出回调的招式收割韭菜。这也是散户投资者经常犯的错误之一。股市中有句话，"低吸富三代，追高穷一生"，大意就是追高很容易挨套，一旦养成追高的习惯，在股市中很难赢利。正确的操作，投资者应该选择追涨不追高。假如在 3 秒或 5 秒之内股价拉过 5 个点以上，千万不能追高。因为瞬间拉高的走势大多都是诱多或试盘，在低位的时候，可以跟进，一旦到了高位，尽量避开追高的操作风险。

"拉"的目标性很强，我们把它重新定义为：短时间内，快速改变价格的行为。需要记住几个关键词：短时间、快速、改变价格。短时间的标准是什么？一般分时图上，操作一次拉升大约是 5 分钟内，最多 10 分钟内完成的，上涨幅度5%以上；日K线图上面呢？一周 20% 以上，基本可以认定为"拉"；当然，这里需要说明的一点是，这个不是唯一的标准，不同的个股，因为流通盘的大小，或者股价运行所处的阶段不同，主力操盘的性格不一样，都会有不一样的标准。这里就需要盘感结合其他多重因素来综合判断。

所以，平时开盘时间，投资者不要觉得买卖之后便无所事事，每天4个小时的开盘时间是很宝贵的，盘感也是长年在这4个小时的开盘时间中积累起来的。想在一个行业内有所成就，必须要有1万小时以上的积累。股市很复杂，即使每天在盘中4个小时内专心看盘，没有5～10年的时间，也很难有造诣。

第二节　一阳指抓涨停

"拉"，主力在拉升股价之前，为了进一步了解盘中的跟风盘和套牢盘，测试盘中的抛压，核算自己的拉升成本，通常会在拉升之前进行试盘的动作，为自己的操盘计划提供参考。

我们用一个技术来举例，说明一下主力试盘的这个动作。这个技术叫作一阳指绝技，是一种预告涨停的有效方法。可能很多投资者曾经听说过或者使用过一阳指的技术，但是在使用过程中却有很大的不确定性，有时候被套，有时候赢利。同样的技术为什么有不同的结果？请问：你是否真的搞清楚了一阳指背后的逻辑，是否真的能举一反三、融会贯通？没听过的投资者需要认真学习，听过的投资者也要仔细琢磨，因为这里的讲解一定和你的理解不同。大家跟着讲解的思路，一步步厘清，慢慢地培养自己正确的投资思维。

如果一只股票，投资者发现有试盘痕迹，那至少说明有主力在里面。有主力在，这只股票就不会死气沉沉。只要时机成熟，一定会发动行情，上涨也只是时间问题。投资者如果能够在3000多只股票里面找到有主力运作的个股，并且在个股即将拉升之际发现它，这是一件很不容易的事。一阳指绝技就是一个发现庄家拉升的秘密武器，一旦用好这项技术，投资者完全可以在主力拉升之前坐上轿子，享受主力抬轿的过程。

我们先来看一下一阳指的图形，如图2-10所示。

图中椭圆圈的那一天就是一阳指，第二天，收出了涨停板！这不是一种巧合，包含着一定的原理和技巧。再看一阳指K线当天的分时图，如图2-11所示。

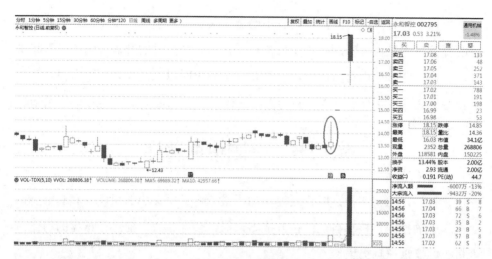

图 2-10　一阳指

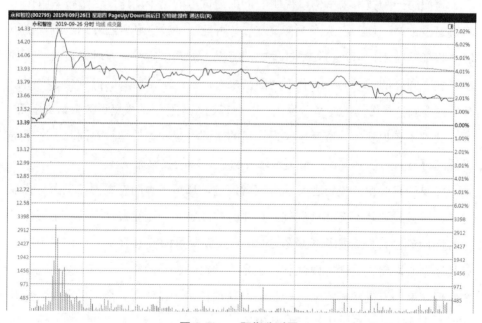

图 2-11　一阳指分时图

先把图形记好，再解说细节和操盘原理，记住分时图是最关键的。

为了让投资者看得更明白，把一阳指K线的图形单独截图出来，如图 2-12 所示。

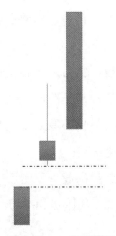

图 2-12　一阳指简图

通过以上观察总结，一阳指主要有以下特征。

❑ 一阳指 K 线，向上有跳空缺口，这个缺口很重要，跳空后股价回调不能回补缺口。

❑ 一阳指 K 线收盘有很长的上影线。

❑ 一阳指 K 线收盘必须是阳线实体收盘。

❑ 最重要的一点，分时图走势必须有瞬间冲高回落，全天分时走势给人一种极其凶险的感觉，如图 2-13 所示。

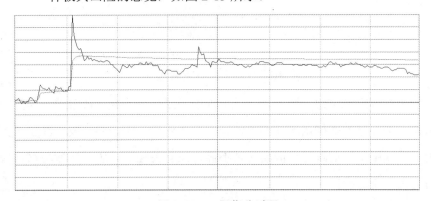

图 2-13　一阳指分时图

下面来梳理一下"一阳指"背后包含的原理和逻辑。核心也是思维，学会思考，不管以后主力怎么改良和进步，都可以同步发现这样的交易机会，因为，主力的思维一旦形成就很难改变。记住，思维永远第一位！跟着节奏，我们一起思考。

首先，如果主力要拉涨停板，主力最担心拉升股价的过程中，其他投资者却在抛出筹码。主力拉升股价，散户不跟风，主力可以继续拉高股价，刺激到散户投资者跟风追高为止。主力最担心原来的获利盘获利出局；正是由于有这样的担心，才在开盘不久就快速拉高。

第一个核心，开盘主力快速拉高股价，然后停手，可以测试出还有没有其他参与者跟风继续往上推升股价，如图2-14所示。

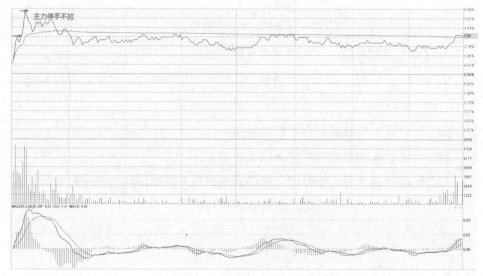

图 2-14 主力拉高测试

如果有人跟风买进，还可以凭借市场的力量往上推高一段股价。如果没有跟风盘，主力停手处就是最高点了，开始自然回落；市场中自发上冲的全部成交量，可以用来评估跟风热情高还是不高，还有关注这只股票、参与这只股票交易的人多还是不多。

第二个核心，分时图早盘冲高之后又回落。为什么早盘冲高后面是全天回落的走势。需要强调的是，一阳指是试盘和洗盘两个动作一次性完成的。早盘分时拉高之后，全天分时走势持续回落，极其凶险，回落走势越吓人，洗盘的效果越好。思考一下，这个位置洗盘的原因是什么？是主力担心第二天股价涨停，持股不坚定的那批人卖出，所以要提前赶他们下车。当然，股价回落的过程中，也会有一批看多后市的散户投资者进场，通过筹码交换，市场的平均持仓成本自然就有所抬高，后期拉升股价的抛压相应减轻。

我们现在回到一阳指的细节分析。第一，K线为什么必须跳空收阳，而且不能下探回补缺口？因为主力要试盘，要试出在最强走势下散户投资者跟风的意愿。在早盘的时候，还没走出全天走势之前，许多投资者会发现，似乎是一个直奔涨停的态势；也正是那种感觉高开高走直奔涨停的态势，才能试出散户投资者跟风的程度，就是那种追击涨停的资金在这只股票里多不多。在股价冲高回落之前，一切都为了营造出即将涨停的氛围，随后因为股价回落了，这也导致了收盘的时候上影线很长。第二，收盘为什么一定是阳线？试盘是需要真金白银的，报收实体阳线，说明今天主力是耗费了资金的，并且试盘成本较高。所以，主力为了不让自己亏本，必须收在成本线附近；为什么是瞬间冲高回落？因为瞬间集中投入资金，成本相对最低，而且瞬间猛拉，跟风的不容易跟进去，等散户投资者反应过来跟风买进，则成交价格会在主力试盘成本的价格之上。

试盘的部分已经讲完，接下来讲解洗盘部分的核心。第一阶段，早盘主力瞬间拉高股价，如图 2-15 所示。

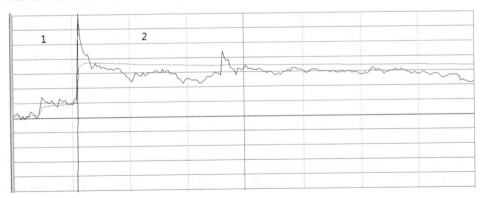

图 2-15　主力早盘拉高

第二个阶段，主力要做的是完全放手不管，观察市场自由交易情况。股价缓慢回落，就像滑梯一样顺畅，而且成交量越来越小的状态是最理想的。这种回落走势，会引发当天获利3～5个点的短线不稳定资金出局。而且，股价回落过程中不是主力自己去接盘，而是市场中的其他参与者去接盘。这对主力来讲非常划算，不用投入太多的资金，就可以实现次高位筹码换手，抬高市场成本。这也说明有资金发现股价异动，愿意在这个价位参与进来，或者一些其他状况。主力可以根据这些细节评估个股里面的交易情况，对市场参与者进行摸底，为后期的股价操作提供依据。

我们不应该忽略，还有一个细节，就是抢筹，如图2-16所示。

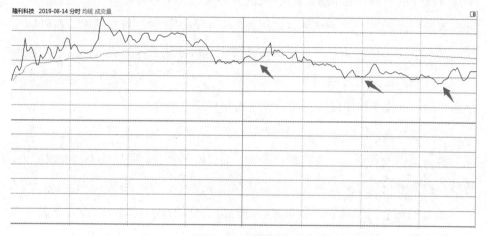

隆利科技 2019-08-14 分时 均线 成交量

图2-16 抢筹分时

抢筹分时走势有什么特别之处？我们从中可以看出什么信息？图2-16中箭头处股价上涨，表示盘中有人抢筹。主力看到后会在第二天再次进行洗盘，之后拉升股价，也就是说第二天就会出现股价低开下打的动作，然后再拉起来，如图2-17所示。

最后，操作上的一个重点：次日看到什么盘面信息投资者才适合买入，这才是对投资者实战最有用的。

如图2-18所示，第二天要走那种一路上涨不回头的分时，说明主力做多的计划正在实施。低开高走或高开高走才代表主力准备做多，向上拉升，散户投资者可及时跟进。如果第二天股价低开低走或者高开低走，说明主力还要继续洗盘，散户投资者应该继续等待。

图 2-17 盘中抢筹

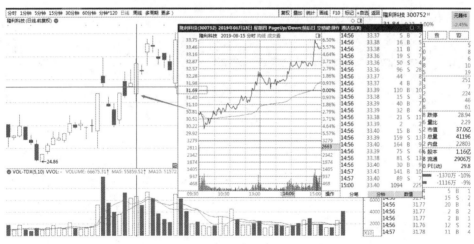

图 2-18 低开拉升

关于一阳指绝技的所有技术要领、细节、原理讲解完毕。以下通过案例，帮助投资者增强对一阳指绝技的理解。

四维图新（002405）2017年8月16日和2017年8月18日案例如图2-19所示。股价处于相对低位，出现一阳指后，股价连续拉升，一阳指成为波段的启动点。

图 2-19　一阳指 1

我们来看案例易见股份（600093），相对低位出现一阳指 K 线形态，之后连续五个涨停，如图 2-20 所示。

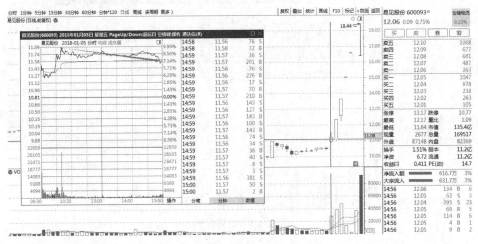

图 2-20　一阳指分时 1

我们再看案例徐工机械（000425），股价在相对高位，一阳指之后的走势冲高后很快就开始了回落。对于高位的一阳指，不要期望太高，离场一定要及时，如图 2-21 所示。

通过以上案例，投资者可以思考一下，高位一阳指和低位一阳指有什么不同？位置有所差异，意义不一样，操盘策略也不一样。

图 2-21　一阳指分时 2

接下来，举一个失败的例子——多喜爱（002761），目的就是不仅教会投资者正确运用一阳指战法，还要教会投资者避开主力的一阳指陷阱。同样的形态，为什么有的涨有的不涨？抛开题材热点，单从技术上解释。图 2-22 和图 2-23 所示为多喜爱（002761）的盘面。

图 2-22　一阳指 2

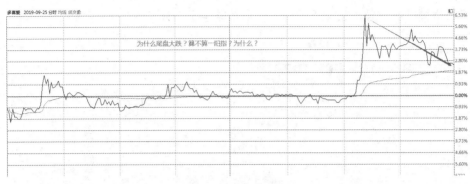

图 2-23　分时尾盘回落

我们列举几点原因。

❑　尾盘拉升，没有给充分换手留下足够的时间。

❑　回落速度过快，不是自由落体，是主力主动抛盘，不是市场自由换手。

❑　回落的幅度过大，几乎吞没了当天的主力成本。

❑　最根本的一条原因，就是主力资金在净流出，散户资金在净流入。

以后遇到这样的形态，可以对照以上几点，免得掉进主力设置的陷阱——指标漂亮，形态也不错，实际上是一个"美丽的陷阱"。

一阳指绝学，是不是很厉害？说它是涨停预告一点都不过分。学好了一阳指绝技的精髓，投资者将在短期内跃升为狙击涨停的顶尖高手！

第三节　庄股启动的成交量秘密

众所周知，决定股价未来走势的最基本的元素是成交量和成交价。量价关系好比一枚硬币的两个面，缺少了任何一个面都不可取。量比价先行，成交量的变化总会影响到成交价的变化。在股市的实战过程中，投资者必须密切关注成交量异动的个股，特别是对那些成交量突然变化的个股，更应该给予高度重视。

抓住了成交量突然变化的个股，很容易发现庄股启动的节点。这也是成熟投资者看盘的重点信息之一。不懂成交量的技术分析者，很难理解股价上涨的动力；只有搞懂成交量对后市股价的影响，才能对后市股价的运行趋势做出正确的判断。

举例说明，我们感受一下什么是量能突变。

案例一，国际实业（000159），如图2-24所示。

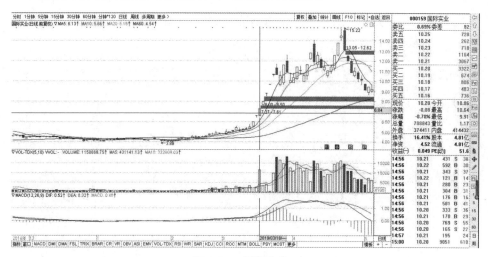

图2-24 量能突变1

2019年3月18日成交量急剧放出，量能突变，也就是在3月18日这一天，图形上前期的成交量突然被显著压缩了。这种量能上的突然变化，成为后市股价拉升起点的显著标志。

案例二，沈阳机床（000410）2018年3月1日的盘面如图2-25所示。

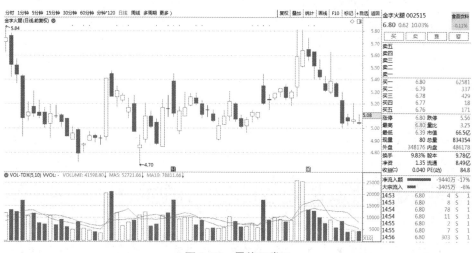

图2-25 量能正常1

这是量能异动之前的走势，是成交量的正常表现。

如图 2-26 所示，这是出现了量能异动之后的图形。股价启动当天，成交量突然放大，前期的成交量图形就被瞬间压缩了。整个过程，通过复盘连续 K 线走势与成交量形态，感受会更深刻、更真切。

图 2-26　量能突变 2

案例三，美思德（6003041）2019 年 9 月 30 日的盘面如图 2-27 所示。

图 2-27　量能正常 2

这是成交量异动之前的走势，成交量表现正常。

如图 2-28 所示，这是成交量异动之后的图形，成交量一放出来，前期的成交量图形瞬间被压缩了。

图 2-28　量能突变 3

以前，也许投资者学习过很多与成交量相关的知识。而且，学习得很复杂也很全面。事实上，最简单的方法才是最有效的。做股票，一定要做到化繁为简！关于成交量，投资者只需要记住两个字"突变"。量能突变，也就是量能的突然变化！

流星一刹那放出光辉，不代表永恒，但股市中一刹那的量能突变，代表的却是牛股的启动。

当然，在量能突变发生之前，最重要的是要看到有主力建仓的痕迹！那么，接下来的行情为什么量能突变有意义？在这里不得不谈到主力的一种操盘手法——对敲。对敲通常在主力拉升股价启动行情的时候使用。天天用对敲，成本一定吃不消，在关键时刻使用，才会更有效率地使用资金。

为什么要在启动点对敲呢？对敲的目标是抢龙头，抢市场焦点。

其实，股票跟股票之间是竞争关系。如果市场都关注 A 股票，那么 B 股票的热度就低，出货就难，所以，主力跟主力之间，需要抢热度。而抢热度最简单的方式就是上龙虎榜。3000 多只股票里面，大部分股票股民是不了解的，但是大多数股民一定会看涨幅榜或龙虎榜。

操盘启动的目标是让自家的股票在涨幅榜上有名，这其实是会产生无限大的广告效应的；只要个股的成交量异常，或者涨停板了，那么这只股票的名字，一定会铺天盖地地出现在各大财经媒体以及各大论坛上。这就给操盘手制造了顺势发酵的有利条件。对敲这一操作的本质，就是利用有限的金钱成本，去制造无限大的"广告效应"。这是主力操盘的核心秘密之一。

在关键的起涨点，投入成本，大量对敲成交，制造成交量"突变"，就是四两拨千斤，撬动无数媒体报道和成交榜单为自己写文章宣传。成交量异动、涨停板，都会上量比排行榜，或上龙虎榜，意味着大多数股民都会看到。

下一个问题，深层次分析一下：能够对敲，意味着主力吸筹完成，说明主力吸货已经很充足了。同时，给金融圈的同行打个招呼，示意一下："我"就是这只股票的主操盘，"我"持仓筹码最多，其他参与者只能跟着"我"干，但绝不能扰乱"我"的计划。

对于大多数散户投资者而言，重要的是怎么运用好量能突变，做到"与狼共舞"。前期已经发现有震荡建仓痕迹的股票，当下发生量能突变现象的，基本上可以确定是大牛股启动。除非上市公司有突发状况，例如资金链断裂等，否则，必然轰轰烈烈来一波上涨行情！

这种量能突变，这个时间节点，主力不怕其他投资者知道，甚至，主力正是要市场其他参与者都知道，都认识。另外，这种量能突变的股票，一般均线都已经修复得非常漂亮。K线、成交量、题材事件、消息预期等，已经完美配合，天时、地利、人和，全部到位。

针对牛股初露锋芒这个原理，投资者要记住最核心的四个字——"量能突变"。

第四节　拉升的原则和盘口

庄家拉升股价的高度空间并非是随机的、盲目的，而是根据操盘计划有一定目标点位的。这个目标点位一般是主力根据经济周期、市场环境、控筹程度、资金情况等多重因素来制订的。

一般来说，主力拉升股价的目标，从行情启动到拉升行情尾声的涨幅至少在 100% 以上，部分妖股可达 300% 甚至更高。从低位开始建仓到建仓结束，主力控制个股筹码的比例大概为 60% ～ 80%，这样只需要少量的资金就可以激活市场上的散户投资者。拉升的过程中，主力每天都会统计市场上筹码的进出情况，并计算价位重心，做好记录，作为制定对策的依据。主力利用趋势的惯性，结合诱多的手法，拉到一定高度后，开始一边拉升股价一边抛出筹码。

主力在拉升股价时，既要保证自己的利益不受损害，又要顺利地完成利润空间目标，通常会遵循以下原则。

1. 拉升要顺势而为

顺势而为，是主力首要的操盘原则。市场的合力是主导市场运行方向的决定性力量。主力要想顺利地达到操盘的目的，也需要顺应市场合力的方向。主力的盈利模式就是顺应市场一种或多种趋势实现获利，包括政策之势、题材之势、K 线之势等。

2. 拉升要快慢结合

拉升的节奏很重要，主力要根据拉升过程中市场的反应做出调整。快慢结合，才会让其他投资者看不懂市场，从而做出错误的操作。比如放慢拉升速度，给其他投资者一种行情结束的错觉从而提前下车；快速拉升股价，让其他投资者误以为是"暴利"行情而不顾一切地冲进场。如果一只个股的拉升速度一成不变，那将注定主力失败的结局。

3. 拉升要有理有据

拉升股价过程中，主力会判断市场的环境，根据个股的市场反应做出决策，每一次操作都是根据市场收集到的信息做出的应对。如果拉升没有操作依据，完全靠主观判断，一定会出现背离市场的情况。当市场不认可主力的操作时，想要达到拉升股价的目标价位几乎是不可能的。

4. 拉升通常有两个波段

波浪理论指出五浪上升、三浪回调的股价运行结构。但"千人千浪"的实战效果令大多数投资者望而却步。根据股价拉升的速度快慢，可以将拉升阶段分为两个波段。第一个波段称为初升段，这个波段拉升速度较慢，连续小阳线掺杂着小阴线或十字星，给人一种上升艰难的感觉；第二个波段称为主升段，这个波段拉升速度较快，通常是连续的中大阳线甚至涨停板向上攻击，气势如虹，给人一种再不进场就会错过行情的感觉，如图 2-29 所示。

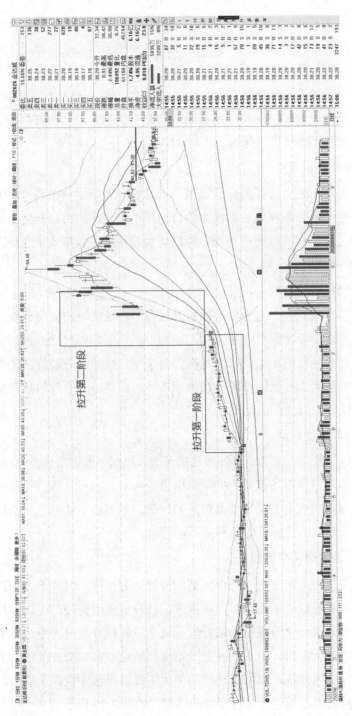

图 2-29 拉升两阶段

拉升股价的过程中，主力庄家也会遵循相关的定律。比如，拉升进行时，主力手上必有货。看起来这是一句废话，但投资者一定要去理解它背后的含义，而不是停留在表面。

拉升是靠短时间快速买入实现的，不管是对敲还是直接买入市场上的委卖盘，都必须用资金去成交。我国的 A 股市场实行的是 T+1 的交易制度，这意味着至少拉升过程中的那部分筹码，当天必须持仓过夜，也就是说，只要是开始"拉"，主力手上必定还有货，同时是占有很大比例的底仓。

反证一下：如果手上没有货，无法高位兑现利润，"拉"有何意义？

拉升的过程，盘口有很多细节值得投资者关注，如图 2-30 所示。

第一种，是主力瞬间拉高然后回落，拉高是为了吸引跟风盘，回落是为了测试市场环境，如图 2-31 所示。

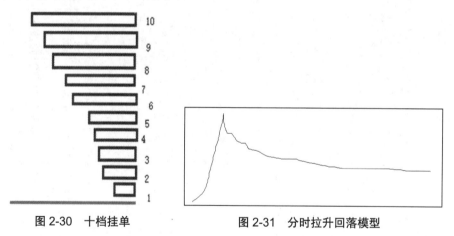

图 2-30　十档挂单　　　　　　图 2-31　分时拉升回落模型

第二种，一口气吃掉所有委卖档挂单，直线拉升。这种情况一种是主力实力很强，做多欲望强烈，无视市场抛压，如图 2-32 所示。

第三种，先买入一些筹码，形成一段直线拉升，然后稍作停顿观察盘面，再买进一些筹码，再观察一下，再买一些，分开几次投入资金进行拉升。这样的个股主力资金比较充裕，操作比较稳健，投资者可以重点关注和参与，如图 2-33 和图 2-34 所示。

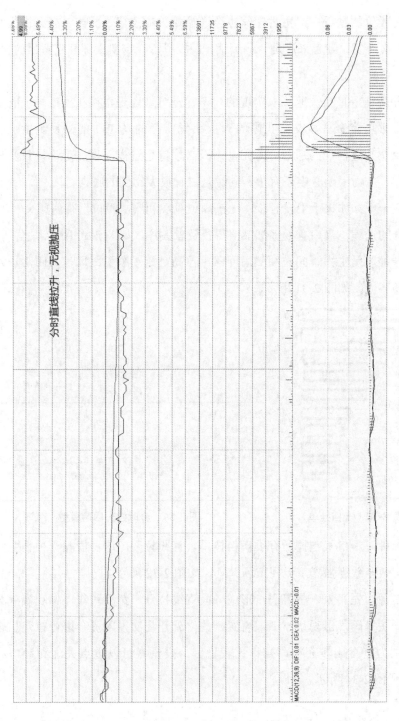

图 2-32　分时直线拉升

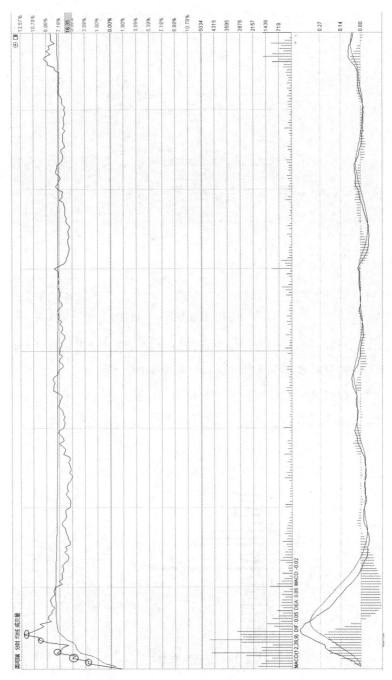

图 2-33　分段拉升模型

图 2-34　分段拉升

通过以上三种拉升股价的盘口信息，投资者就可以又把思路打开一点，就可以去分析不同的分时痕迹具体是怎么被交易出来的。

当然，看盘口最关键要看懂拉升的起爆点。在最精准的时间和位置进场，对投资者的实战操作具有很大意义。从盘口上看，超大委卖瞬间消失时，是拉升的起爆点。

拉升之前，成熟的投资者非常喜欢这样的盘口，如图 2-35 所示。

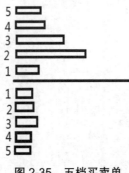

图 2-35　五档买卖单

注意卖 2、卖 3 的位置，为什么出现了大的委卖单？因为马上要真金白银拉升股价，要在最后时刻把可能捣乱的资金赶出来。这也是许多散户"一卖就涨"的原因所在。

大的抛单压在卖 2、卖 3，把挂在上档的委托单逼下去挂卖 1 或者买 1 成交。让那些看不懂主力意图的短线资金在卖 1 的位置出局。

如果要盯拉升的起爆点，盯的就是卖 2、卖 3 大卖单全部消失的那个瞬间，要么是被主力大买单吃掉，要么就是主力主动撤单。抓住了这个瞬间，就可以抓住拉升股价的起爆点。这对短线投资者非常有帮助。

第五节　拉升的试盘手法

1. 主力拉升试盘的目的

"知己知彼，百战不殆。"主力建仓完成后，为了进一步了解市场上的筹码情况，通常还会对盘口进行一次测试，就是"试盘"。通过试盘，主力可以测试出场内筹码和场外资金对个股的态度，然后根据测试结果分析判断操盘的策略和方案。可见，试盘是主力拉升股价之前不可缺少的一个重要环节。主力在拉升股价之前通常有两种试盘方式。

（1）洗盘时试盘。主力建仓完成后，准备进入拉升阶段，通常会进行一次洗盘的动作，同时也是一次试盘的行为。一般是在早盘期间采用对倒的手法将股价小幅打低，以测试盘中筹码的稳定性。大致有两种情况：如果打低股价立即引来大量的抛盘出场，说明市场中浮动筹码较多，持股者对后市信心不够坚定。这种情况不利于主力后期拉升股价。主力通常会采取进一步打低股价的动作，让不看好后市的持股者离场，换一批看好后市的新的散户投资者进场。如果主力打低股价并没有引发更大的抛盘，股价只是小幅下跌，并且成交量迅速萎缩，说明市场中没有大量浮动筹码，持股者的心态比较稳定，对后市主力拉升股价的威胁相对较小。这种情况下主力可能随时展开拉升股价的动作。

（2）洗盘后试盘。主力洗盘结束后，清洗了浮动筹码，还要对盘面进行测试，了解做多的力量有多少。为了测试散户的追高意愿，主力通常会小幅高开放量拉升股价，然后观察是否有场外多头跟风买入。如果伴随着成交量的不断放大，股价持续上升，则说明在主力资金的带动下，散户追高做多意愿强烈，股价将在主力与散户合力买盘的推动下步步走高；相反，如果随着主力对倒将股价小幅拉高后，盘面表现为价升量缩，没有成交量的拉升，表明散户追涨意愿并不强烈，这种情况主力不会再向上拉升股价，甚至会反手做空，将股价打低，等待时机成熟再做拉升。

由此可知，主力拉升前试盘的目的就是要搞清楚个股盘中筹码锁定的程度、外面浮筹的情况；测试市场中场内持股者和场外持币者对该股的追涨杀跌的意愿，以便决定接下来该采取什么样的策略以拉升股价：是选择快速拉升，还是缓慢抬升，或振荡上扬，等等。

2. 主力拉升前试盘四种手法

（1）长上影线试盘。主力测试拉升过程中的抛压盘，喜欢在早盘期间用大单买进的方式向上进攻，迅速地拉高股价。如果是场外的资金很少跟风买进，并且上方抛单较大，成交量明显放大，这时候主力可能会放弃拉升股价，进一步观察抛盘的力道。这样，就会走出早盘冲高回落的走势。根据不同的量价组合，后市有两种走势。

如果试盘时股价涨幅为正，并且成交量温和放出，说明空方实力一般，则次日主力向上拉升行情的概率较大；如果当天冲高股价回落翻绿，并且成交量放出巨量，说明上方抛盘较多，空方力量仍未释放完毕，则次日主力暂时不会向上拉升股价，现行震荡回落或横盘整理，等待时机。

下面结合实战案例一起来了解长上引线试盘的情况。

以图2-36所示京运通（601908）为例进行说明。

该股票在区间内震荡运行时，多次发起试盘，直到第三次试盘成交量处于微幅放量的状态时，才出现第四根K线的突破走势，说明前两次试盘抛压较大，主力仍耐心洗筹等待时机，直到达到足够的控盘力度后，才发起上攻，走出单边上涨行情。

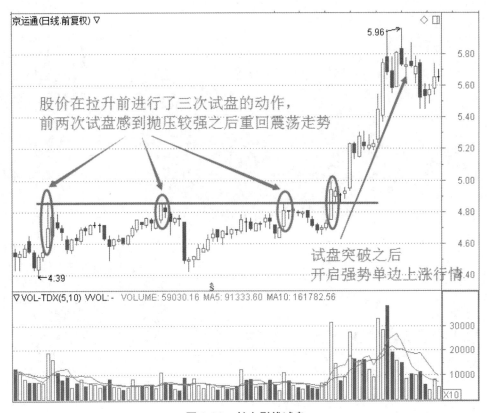

图 2-36　长上影线试盘

（2）长下影线试盘。这种试盘方式，也是主力经常使用的一种试盘手法。主力在盘中故意用少量筹码向下砸盘，甚至故意跌破重要技术支撑位。一方面洗出不坚定的持股者，另一方面测试是否有资金进场抢筹，托盘护盘。如果股价跌破某个重要支撑位，马上又被资金推动上涨，重新站上支撑位，说明市场参与者认可目前的价位，股价已经跌无可跌，已经具备了向上拉升的条件。

下面以图 2-37 所示浙江龙盛（600352）为例进行说明。

该股在低部经过长期整理以后，形成重要底部支撑区域，随后股价深度下探到该区域底部位置，买盘力量表现较强，迅速收复下跌空间，至收盘时间股

价收于支撑位上方。对于这样的个股，大家可以跟随建仓，把握后期上升行情。

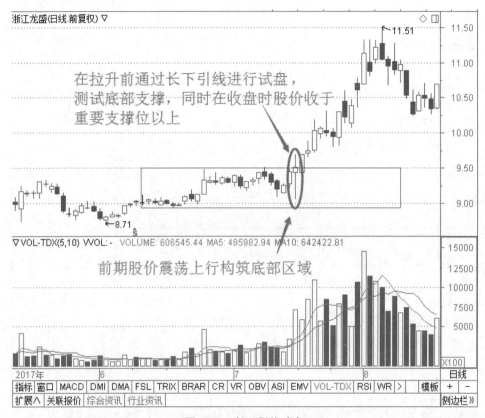

图 2-37　长下影线试盘

（3）涨停试盘。涨停试盘是一种更为简单直观的试盘方式。主力将股价拉到涨停价位，然后观察市场中各方的反应。测试涨停价位抛盘的力度，同时测试涨停价位追板的资金量，通过多空力量对比分析，判断出筹码的稳定性。如果明显买盘大于卖盘，则主力有信心继续拉升股价；如果明显卖盘大于买盘，则主力会暂停拉升，等待股价整理后，再做拉升的考虑。通常情况下，经过涨停板试盘的个股，一旦选择向上突破，很容易走出连续涨停的行情。

下面以图 2-38 所示城发环境（000885）为例进行说明。

股价启动前每次涨停后都会迅速回调，前前后后经历了四次涨停试盘，第五次涨停后才开始真正拉升。

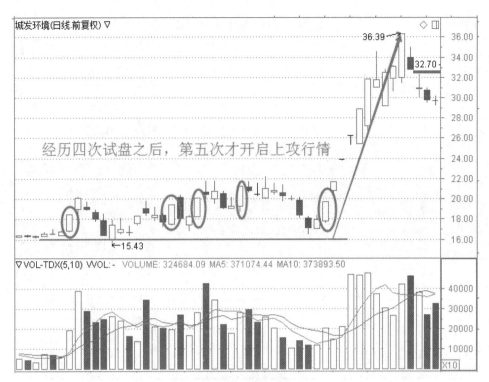

图 2-38 涨停试盘

（4）打压挖坑试盘。很多情况下，在正式拉升股价之前，主力喜欢挖坑试盘。挖坑试盘主要采用大单砸盘的方式测试下方买盘力量的强弱，价格急剧回落，但量能并不大。一方面洗出担心出现巨大亏损的散户投资者；另一方面，主力也会在坑底进行加仓操作。当在坑底出现地量结构时，通常是试盘结束，准备拉升股价的开始。

以南方航空（600029）为例，如图 2-39 所示。该股在回调至 60 日线附近之后猛烈打击，快速击穿 60 日线，但是在打压的过程中量能却是大幅萎缩的，随后快速收回 60 日线，明显的挖坑走势，挖坑结束后股价连续上涨。

总之，主力资金拉升股价之前通常会先试盘。试盘就是主力利用手中的筹码和资金对盘口进行试探性测试，通过试盘查看股票的筹码分布情况以及场外资金的态度，为自己下一步制定操作策略指明方向。

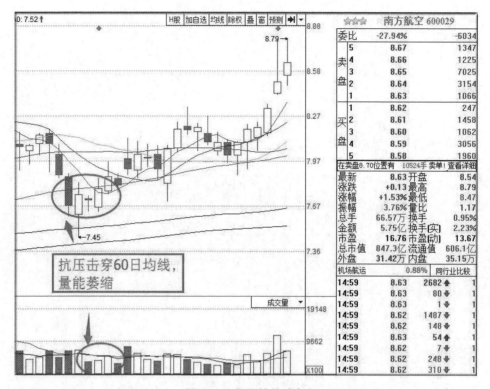

图 2-39　打压挖坑试盘

第六节　青龙取水，拉前震仓

投资者在盯盘过程中，经常会发现一种情况：股价会莫名其妙地大幅暴跌，收出一根中大阴线，然后在较短时间内迅速回升，修复行情。这个时候一般都是拉升的起点。这种形态被称为"青龙取水"。

这根莫名其妙的中大阴线是最后一次震仓，目的是在股价拉升之前把最后的不坚定的投资者洗出局，如图 2-40 所示。

图中，均线黏合向上运行，但股价莫名其妙地出现一个中大阴线，一阴下穿四线，技术上走出了破位的走势；但随后三天内又修复了上升走势，进入拉升的行情。看到这样的图形，就是找到了赚钱的机会，绝不能放过。

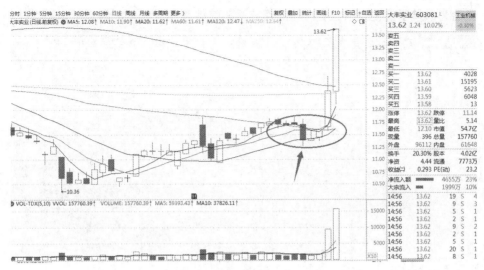

图 2-40　震仓 1

我们再看一个案例，如图 2-41 所示。

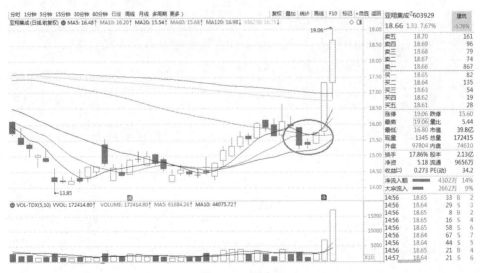

图 2-41　震仓 2

图中，小均线系统向上发散，突然某天莫名其妙地出现了一根缩量大阴线，之后迅速修复了上升走势。遇到这种图形，一定要把握好节奏，正确进行加仓。

图 2-42 中包含了一个空中加油的动作，五日线、十日线和二十日线三线

黏合，选择了向上发散。启动前的那三根阴线就是拉升股价前的最后一次震仓。

图 2-42 震仓 3

图 2-43 中，箭头所指的震仓下跌阴线，我们称为情绪 K 线，或者说是主动性阴线，代表的是主力的主动意图。阴线后的下影线 K 线，是刹车，是市场的自发行为。直到出现反转 K 线，主力就完全暴露了自己的真实意图。可见，K 线不仅分阴阳，分高低，还有主动性和被动性之分。

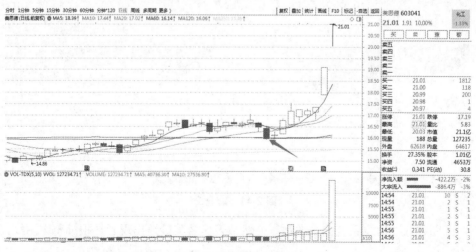

图 2-43 情绪 K 线

关于震仓，我在这里说一个逻辑：下跌的当天，大家确实都感到迷惑，不知道是震仓还是出货。但是后验去看，只要快速修复的，大概率就是市场告诉投资者之前的下跌是震仓。

这个也可以反证一下：如果是出货下跌，何必再快速重新上涨修复？是不是震仓，可以通过后验去确定结论，迟来的结论，比没有结论要好，比主观想象要好。同样也是有决策参考价值的！

震仓一般不会放大量。原因大家想过吗？深层次的原因有哪些？放量万一吓跑盟友怎么办？现在的股票，都不是一家独大的局面。一只股票里有很多主力，它们既是朋友又是对手盘，在拉升的初期，利益都是一致的；在派发时，各有各的小算盘。

关于拉升，里面的变化太多，虽然留下的"痕迹"很清晰，就是一些急速上涨的曲线。但是，被我们发现的时候，我们只能接收到一个信息：这个股票在拉升，仅此而已！无法预知高度，无法改变什么，主要用来识别股票所处的阶段，它不像"吸"；发现"吸"，就可以产生"拉"的预期；发现"拉"就只能提示我们随时变为"派"；所以，"拉"的实战意义没有发现"吸"强；对于"拉"，对我们最有价值的反而是它的铺垫部分——"震仓"。

"青龙取水"的位置，就是值得我们下注去"赌"的点位了。

根据拉升过程中的"青龙取水"，拉前震仓，再结合其他技术分析，我们总结出"天眼地量"战法用于实战。

5日均线轻微跌破20日均线，然后很快又上穿20日均线，此时会形成"天眼"。"地量"是指"天眼"对应的成交量非常小，呈现出近期最低量的状态。"天眼地量"这样的量价形态是非常容易找到大黑马的起涨点的。

结合大的股价走势，更能够保证"天眼地量"捕捉大黑马的成功率。也就是在形成"天眼地量"之前，最好在股价运行的相对低位有一次5日线金叉20日线的形态，并且第二次金叉要高于第一次金叉的位置，也就是技术上"底部抬高"。一旦符合这样的形态，"天眼地量"就是非常好的进场信号。这个时候最好20均线保持向上运行的态势。如果"天眼地量"附近的K线带有长长的下影线，则起涨信号更加明确，如图2-44所示。

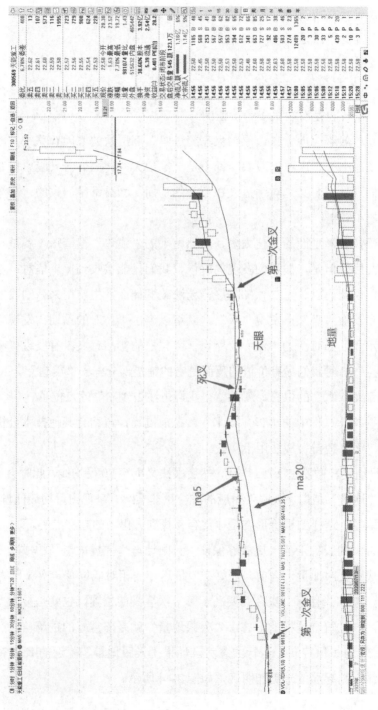

图 2-44　天眼地量 1

在看盘过程中，一旦发现"天眼地量"，结合其他技术分析，就可以立即进场买入，果断操作。这样的机会安全系数较高，正常情况下，都会走出一段上涨的中级行情。

当然，"天眼地量"有时也会出现失败走势，尤其是在横盘震荡的走势当中。出现"天眼地量"后，股价稍作上涨，就开始回落。5日移动平均线也随着股价的回落，再次死叉20日移动平均线，致使投资者套牢。遇到这种情况，有两种解决办法：一是及时止损，防止深套，再寻找其他机会。二是控制好仓位，等到股价跌到前两次金叉的位置，一旦出现止跌企稳信号，便可加仓操作。

在操作过程中，一定要避免只看表象而忽略股价运行的本质的情况。理解了市场的原理，便可以举一反三。比如10日移动平均线与20日移动平均线出现"天眼地量"时，同样也可以按照这种方法进行操作，虽然股价位置可能会偏高，但这种信号更可靠、更稳健。

接下来，我们通过案例来讲解"天眼地量"战法（见图2-45）。

福耀玻璃在2020年7月2日出现了"天眼地量"，5日线上穿20日线金叉后，当时福耀玻璃与北斗智联战略合作，利好该股，因此在股价从20元附近一路攀升至36元，两个多月涨幅达到80%，如图2-46所示。

"天眼地量"战法的使用过程中，要注意以下几点。

❑　回调时间不宜过长，以不超过10天为宜。

❑　回调幅度不能太大，以不超过15%为宜。

❑　3日、20日均线保持向上趋势，最好大周期均线也保持向上趋势。

"天眼地量"战法，是一种"吃鱼身"的有效方法。运用得当，就可以在安全的前提下获取"鱼身"的行情。投资者千万不要贪得无厌，既想吃"鱼头"又想吃"鱼尾"。股市中有一句话："进场慢一拍，出场快一拍，中间坚定持有。"能持有这样的操作心态也是做股票的最高境界。

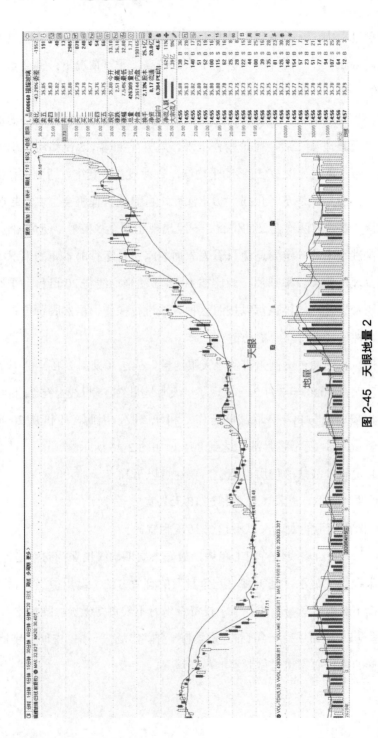

图 2-45 天眼地量 2

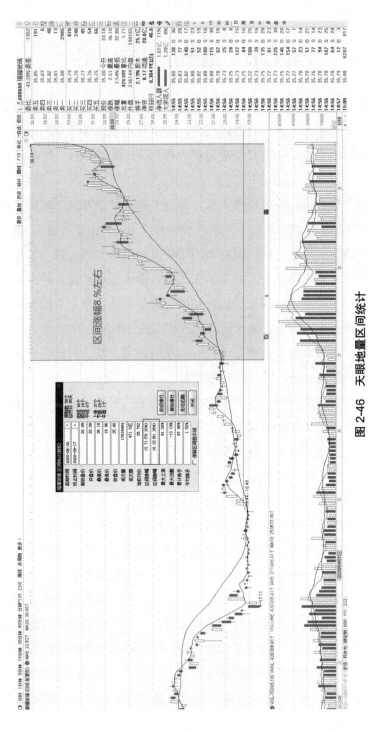

图 2-46　天眼地量区间统计

第七节　缩量拉升有大阳

量价不分家，有量必有价，有价必有量。先有量还是先有价，不必人为地将二者割裂开来。在主力拉升的过程中，经常会出现缩量拉升的走势。遇到有这样量价关系的个股，一定要引起足够的重视。因为缩量拉升之后通常有大阳线出现。

缩量拉升形态下，股价连续上行，屡创新高，但是对应的成交量却逐渐缩量。缩量拉升形态经常出现在不同的股价运行阶段。其由于所出现的位置不同，所代表的市场含义也不一样，对后市的走势影响也有差别。对于股价位置相对较高、升幅较大的缩量拉升，通常上涨乏力，量价背离，是一种见顶信号；对于股价处于相对底部区域或处于拉升初期的缩量拉升，是主力控盘的表现，后市股价将加速上涨。后者才是投资者应该重点关注的机会。

股价处于相对底部区域或处于拉升初期的缩量上涨，对投资者的实战意义较大，经过大量的总结，大致有两种形态。

一种是平台启动拉升，以放量中大阳线的形式突破平台上沿。平台的长短在一定程度上决定了股价突破后的上涨幅度。但不管平台是长是短，平台震荡后期通常会出现缩量态势。某一交易日成交量突然放大，报收中大阳线或者涨停板，甚至以跳空的方式突破平台上边沿，如图2-47所示。

另一种是股价小幅拉升之后开始缩量回调，之后再次放量拉升，以中大阳线或涨停板突破前期波段高点。然后如果出现缩量拉升股价的情况，大概率会持续缩量拉升2～3天，后市加速拉升的概率很大。需要注意的是，小幅拉升之后的缩量回调，一方面回调时间不能太久，不超过8个交易日为好，时间太长，股价可能走弱，时间太短，洗盘不够充分。另一方面回调幅度不宜太深。股价回调深度不能低于前波启动时的波段低点，即后低要高于前低，这说明股价的总体趋势是向上的。回调之后的反弹，一定要有成交量的配合，突破前波段高点时，应以放量中大阳线或涨停板为主。之后一旦出现缩量上涨，就可以密切关注，一般2～3天缩量上涨，就会出现加速拉升走势，如图2-48所示。

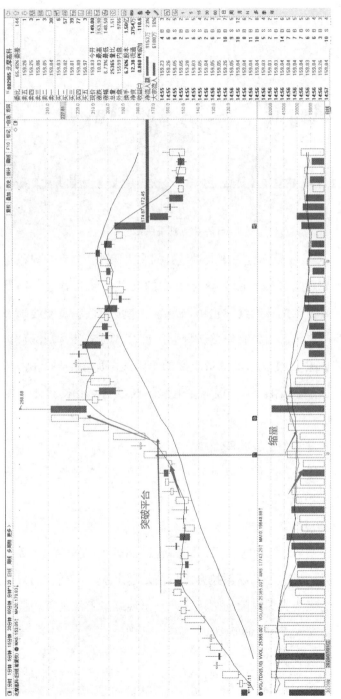

图 2-47　平台突破

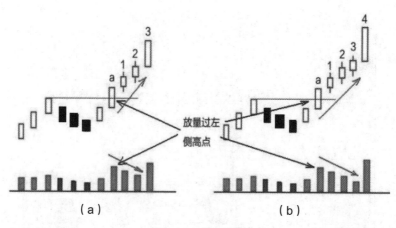

图 2-48　前高突破

图 2-48 中 K 线 a 反弹过程中放量拉升的中大阳线，也可以是涨停板，并为突破前波段小高点的 K 线。图 2-48（a）中的 K 线 1 和 K 线 2 为缩量上涨的两根小阳线，一般会带上下影线，也可以是跳空形成的假阴真阳线形态。需要特别提到的重要一点是，如果股价重新呈上移状态，则 K 线 3 形成放量中大阳线的概率极大。如果 K 线 3 仍呈缩量上涨的小阳线，如图 2-48（b）所示，是在图 2-48（a）的基础上添加了一根缩量上涨的 K 线 3，则 K 线 4 呈放量涨停的概率就非常大。

下面给大家讲两个实战案例。

科华恒盛（002335）就是缩量三天上涨，第四天缩量收阴，第五天收出中大阳线，如图 2-49 所示。

沙钢股份（002075）缩量上涨三天之后，出现放量涨停，次日出现了平量阴线调整，调整完毕连续上涨三天，涨幅达到 24%，如图 2-50 所示。

需要提醒投资者的是，缩量拉升之后的加速上涨，不是我们兴奋追高的时候，反而是我们需要警惕风险的时候。一旦出现缩量上涨之后的放量大阳，就要警惕行情即将进入"派"的阶段。

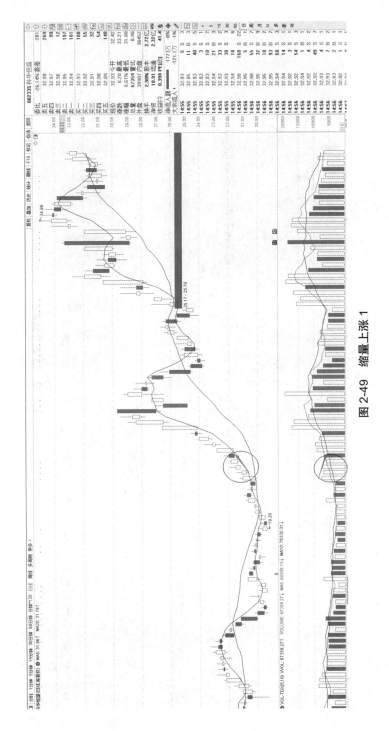

图 2-49 缩量上涨 1

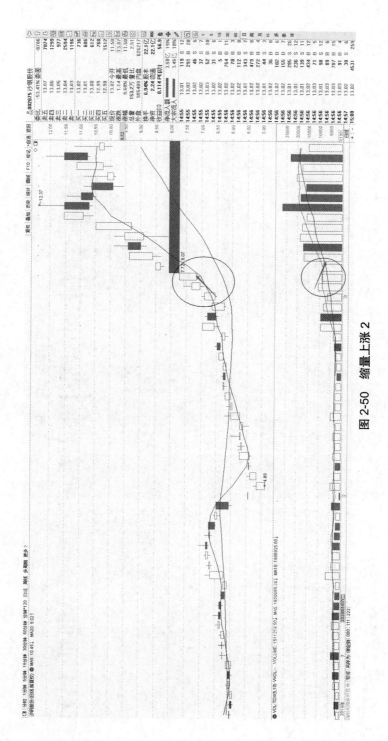

图 2-50　缩量上涨 2

需要说明的是，这里所讲的缩量上涨形态，是主力进入拉升阶段量价之间的关系！主力控盘度越高，上涨需要的成交量越小。这个时候的量价背离不是不健康，是强控盘的表现。当然，股价缩量运行到高位时，要结合筹码峰的转移，综合判断市场风险是否来临。如果底部筹码峰还在，就是真正意义上的缩量上涨，而不是实质性的量价背离；如果底部筹码转移到上面了，实质就发生了改变，我们就应该注意风险，这种就是真正的量价背离了。为什么要结合筹码峰？在这里和大家说一个操作理念：任何单一的技术分析都不能百分之百地解决技术问题，只有结合其他技术分析，形成一个组合性的综合判断，才能规避更多的风险，提高我们的胜率。

第八节　尾盘拉升的秘密

主力在拉升股价的过程中，有时候会选择早盘拉升股价，有时候会选择尾盘拉升股价。早盘拉升股价，散户投资者参与进去，很容易被当天的冲高回落套牢。为了规避早盘进场需要承担当天股价回落的风险，我们重点学习尾盘主力拉升股价的内容。

尾盘一般是指下午 2:30 分之后至收盘的时间段。尾盘是股市一天交易进入尾声临近收盘的标志。尾盘非常接近当日多空双方交战的总结，同时，尾盘还是影响次日开盘价的重要因素。主力为了控制操盘节奏和价格，经常在尾盘拉升股价，在即将收盘的最后半小时，股价出现大单成交，走势突然上涨。尾盘量价异动，是主力取巧操作的一种做盘手法。投资者必须明白主力的操作意图，才能做出是否跟进的决策。

为什么主力会选择尾盘拉升？这里面包含着什么样的秘密？

复盘涨停的个股，可以发现主力敢于在早盘封死涨停的个股，不在乎全天的抛盘，无视大盘的好坏，这表明了这种主力做多信心比较强，同时也可以表明其资金实力雄厚。

一些主力选择在尾盘拉升股价，通常采用尾盘偷袭的方式，这样就可以避免拉高股价后股价回调的风险，从而减少接盘的操作。假如早盘或盘中把股价拉起，为了维持股价的位置，需要在盘中护盘接筹。尤其是在遇到大盘突然走坏的情况，市场抛出的筹码会非常大，要想把股价维持在一定高位就需要大量护盘资金。没有雄厚的资金是抗不住抛盘的，盘中拉升会被打回原形，导致前功尽弃。可见，尾盘偷袭的方式既可以达到拉高股价的目的又可以节省上拉成本，是一种较好的操盘技巧。有的主力实力一般，拉升股价非常谨慎，通常会选择尾盘偷袭的方式拉升股价，这本身就是一种怯场的行为。这种主力资金实力不强。实力不强自然心理也比较脆弱，一有风吹草动就会落荒而逃。这种个股，第二天大多是低开调整。通过尾盘的分时走势，我们一样可以分辨出强庄和弱庄。

在实战过程中，观察尾盘半小时的走势至关重要。如果最后半小时股价走势平稳，则第二天开盘平开概率大。如果尾市股价出现急速拉升，且量能连续放大，又是波段的初始阶段，就有持仓过夜价值。如果已是连续多日上涨，股价位于波段的末端，尾市的急速拉升就有诱多的嫌疑，投资者一定要谨慎对待，不可轻易参与持仓过夜。

盘尾拉升股价是主力经常使用的一种操盘手法，也是投资者实战中经常遇到的问题。搞清楚尾盘拉升股价的内在逻辑并制定相应的策略，才能更好地抓住主力的尾巴，正确地把握买卖时机，这也是研究尾盘拉升股价的意义所在。

1. 在大盘的不同状态下

在大盘弱势时，主力盘尾拉升股价一般是拉出空间高度，寻找出货机会，次日下跌的概率极大。散户投资者应对的办法是及时逢高卖出，越拉越卖，千万不要犹豫不决、心存侥幸，不要错过减仓的好机会。在大盘强势时，主力尾盘拉升股价一般是拉出高度空间，让没有买进的投资者错过进场时机，次日通常是继续冲高。对于这种走势，散户投资者可以及时跟进，享受主力"抬轿"的乐趣。

2. 在个股的不同位置

当个股处于相对低位时，出现主力尾市急拉股价的现象，一般说明主力掌握的筹码不足，拉高一方面是为了吸筹，另一方面是为了迅速脱离自己的成本区。次日甚至此后数日，反复震荡的概率较大。因此投资者应对的办法是逢高卖出，逢低买进，如图 2-51 所示。

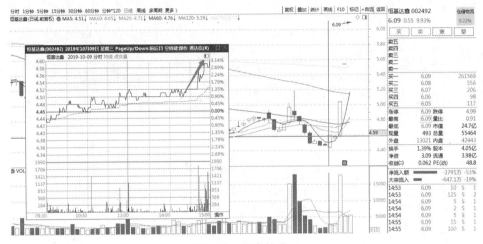

图 2-51　尾盘拉升 1

如果个股处于相对的中部区域，出现主力拉升尾市的现象，一般说明股价处于上涨中继；如果全天股价分时图均价线向上，则次日上涨的概率较大，短线的获利很多时候依赖趋势的惯性；但如果全日股价处于回调状态，那么尾市拉升是为了加大洗盘空间，同时又不愿深跌，以免廉价筹码被散户抢去。对于这样的走势我们的应对办法是：既可以出局回避洗盘，也可以静观其变企稳加仓，如图 2-52 所示。

当股价处于相对的高位，出现尾市急拉的情况，一般是主力为了加大出货空间或是诱多，投资者应该逢高及时卖出。对于超短线炒作，最佳的出货时机在拉升的瞬间，而不是等股价跌下来才出货，这样才能保证利润最大化，如图 2-53 所示。

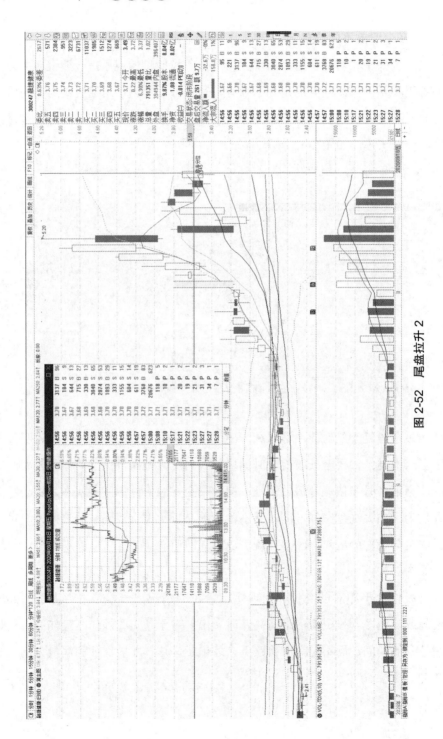

图2-52 尾盘拉升2

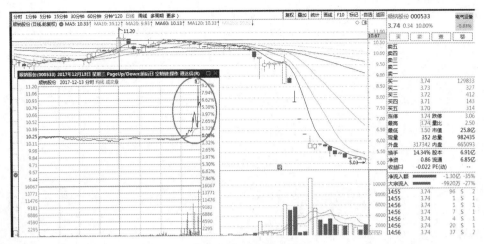

图 2-53　尾盘拉升 3

　　关于吸拉派落中的"拉"，到这里我们就讲完了，希望大家多复盘，体会主力在"拉"的过程中的一系列动作细节，让自己赚得明明白白，输得清清楚楚。这样，我们才能够在市场中长期存活下去。

第三章

派

在庄家的市场运作过程中，出货派发是一道必不可少的程序，也是非常关键的一个环节。任何一个庄家，只有将手中的筹码派发出去，才能实现账面的盈利。

市场中非常流行"会买的是徒弟，会卖的是师傅"这句话。我们暂且不争论这句话的权威性，其至少说明了在操作股票过程中"卖"的重要性。对于庄家来讲，事实上也是如此：在庄家运作的四个阶段中，"派"是难度最大的一个环节。试想，5元进的货，10元甚至更高的价钱把它卖出去，谈何容易。

派，指在股价相对的高位，主力把手中的筹码派发给市场中散户的行为。主力派货，一方面是获利出局，主力通过营造"疯狂"的市场情绪，诱骗市场跟风者继续看多做多，从而把手中的筹码派发出去；另一方面也有可能是因故弃庄，由于某些突发事件导致主力主动放弃做多，并及时套现，导致股价急转直下，快速下跌。

第一节　主力出货的八种方式

出货，就是"派"，派发手中的筹码！

股价拉升到目标价位，主力便开始悄悄出货，为了达到顺利出货的目的，通常行为比较隐蔽。但由于其持有的筹码较多，派发出去的难度很大。在派发筹码的过程中，难免会或迟或早、或多或少地露出一些蛛丝马迹。投资者仔细观察盘面，总会发现一些主力出货的征兆。如果盘中发现以下盘面信息，就要警惕主力出货了。

一是拉升达到目标价位。一般情况下，主力操作一只股票，由于多种原因，预期利润空间通常在自己持仓成本的二倍的位置。当然，这不是一个唯一的标准，也有实力雄厚的主力会拉出更大的利润空间，一些实力偏弱的主力拉升中途可能弃庄或拉升失败。这些就要结合盘面上的信息做出综合分析。

二是该涨不涨却下跌。当个股运行到相对高位，在形态、技术、基本面都支持股价上涨的情况下，股价却犹豫不前，出现滞涨状态，这时主力可能不再向上拉升，开始准备出货套现。在高位营造一种上涨的态势，但股价迟迟不涨，这就是要出货的前兆，这种例子在股市中非常多。

三是股价相对高位正面消息增多。主力出货单靠技术手段很难达到出货的目的。为了吸引更多的投资者进场高位接盘，主力会利用报刊、电视台、广播电台等多渠道的媒体发布利好消息，刺激散户做出错误的决策。大家记住一句话——"高位的利好是毒药"，就是说高位出现利好，我们要警惕风险而不是狂热追高。

四是市场传言增多。主力为了在高位套现，也会利用一些非正规渠道散布一些谣言。比如在股票论坛鼓吹个股的业绩优良、利润想象空间；或者在一些股民 QQ 群、微信群极力推荐个股，让一些不明真相的投资者接盘。试想一下，为什么别人会"热情"地"无私奉献"，如果真的是赚钱的机会，别人为什么会告诉你一个陌生人？这也是主力出货经常使用的伎俩。作为投资者，应该养成独立判断的习惯，这样才能够避开主力出货设置的种种陷阱。

根据出货的股价走势不同，出货有多种形态，如横盘式出货、震荡式出货、边拉边出式出货、拉高式出货、打压式出货、台阶式出货、无量阴跌式出货、填权诱多式出货等。

1. 横盘式出货

主力庄家拉升股价到达目标价位后，开始作图迷惑散户投资者。最经常使用的一种方法是在高位做平台震荡整理，随着股价横盘震荡、股价不跌的时间推移，这个震荡区域的价格被市场慢慢接受，让散户投资者误以为是上升中继形态，只是蓄势的过程。当散户慢慢吃进筹码时，主力暗中悄悄地派发自己手中的筹码，如图 3-1 所示。

高位横盘出货方式一般比较适用于业绩优良的大盘股，因为这种股票使投资者形成一种安全稳定的错觉，认为有业绩支撑，仍有上涨空间。同时，这种出货方式主力会选择在大盘未见顶之时，如果大盘升幅巨大，已接近头部，个股盘中也累积了丰厚的获利盘，那么一旦大盘有风吹草动，很容易引发个股中的获利筹码获利回吐，这样庄家就不能顺利地出货。

图 3-1　横盘式出货

散户应对技巧：

第一，在股价上涨过程中，主力会不时地进行洗盘，横盘震荡洗盘十分常见。很多散户投资者按照技术分析，一旦突破进场价，就会获取一段不菲的利润空间。这种获利方式强化了散户投资者的思维定式，横盘就会向上突破。在相对高位的横盘，事实上风险越来越大。因此，散户投资者应小心庄家在高位预谋的"横盘"的"美丽陷阱"，要及时回避。

第二，判断主力出货要结合多个方面，比如横盘之前股价涨幅巨大，横盘初期连续放过大量，横盘过程中阴量大阳量小，等等。各个方面相互印证之后，判断主力出货的准确度自然就高。

第三，高位横盘出货，建议投资者不要参与这种行情。如果仍持有仓位，那么一旦破位，要及时止损。当5日、10日、30日移动平均线黏合在一起，股价跌破三条均线，引发均线系统向下发散时，投资者应果断离场。

2. 震荡式出货

与横盘式出货相比，震荡式出货也在股价的相对高位，但是震荡幅度较大。

主力将股价拉升到目标价位，按照操盘计划进行出货。主力手中筹码较多，一旦开始出货，使抛压增大，股价便会下跌。但是主力并不想股价持续回落，因为这会吞噬主力的获利空间。当股价跌到某一个支撑位，主力就会用少量资金将股价迅速拉升起来，一方面保证在相对高的价格出货，另一方面可以激活市场的做多人气，吸引散户投资者进场接盘。主力庄家用这种方式在高位反复制造震荡高点分批出货，低点诱多引诱散户进场接盘，如图 3-2 所示。

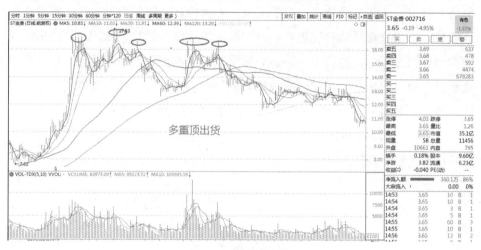

图 3-2　震荡式出货

震荡式出货因为低买高卖，所需时间较长，在日 K 线图上，通常会形成经典的顶部形态，如箱体宽度震荡、双重顶、头肩顶等。如果同期大盘的走势与个股的走势形成技术上的共振，则主力派发相对容易。

散户应对技巧：

第一，与底部震荡建仓恰恰相反，高位震荡出货的一个重要标志是"熊长牛短"。就是股价上涨时速度比较快，时间比较短，主力庄家用少量的资金快速地向上打出较大的空间。主力出货时，股价下跌的速度比较慢，下跌的时间也比较长，目的是让主力在有限的空间里尽量多地出货。

第二，在高位主力庄家出货，必然造成股价下跌和成交量放大。如果发现在高位成交量明显放大，K 线走势震荡的幅度较大，可以断定主力在通过宽幅震荡进行出货操作。这时，投资者应该回避这种走势。

3. 边拉边出式出货

边拉边出式出货是所有出货方式中最隐蔽的一种。主力拉升股价接近目标位时，常常使用这种方式出货。在拉升股价的过程中，市场情绪几近疯狂，市场参与者全面看多，主力拉出中大阳线，激活市场跟风盘的狂热情绪。当跟风盘足够多时，主力一边拉升股价一边派发筹码。当买盘变少时，主力会用部分资金护盘，让股价维持在一定的高位，维持持股者的信心。稍作休息再次拉高股价，形成整理后的突破走势，再次激活跟风盘。如此往复，边拉边出。在整个出货的过程中，股价上升形态非常漂亮，量能也不会急剧放大，让其他投资者看不出主力出货的破绽而麻痹大意进行做多操作。这种出货方式多见于强庄，在股票题材的配合下，营造出仍有上涨空间的假象，散户接盘，主力"金蝉脱壳"，如图3-3所示。

图3-3　边拉边出式出货

散户应对技巧：

对于高位主力边拉边出式出货，投资者应该做出对应策略。低位建仓者应该在行情疯狂的时候分批减仓。一旦发现股价滞涨或是放量下跌，要果断清仓离场。在冲高的过程中获利了结是一种左侧交易，虽然有可能错过一些行情，但大多时候都会卖在相对的高位。

4. 拉高式出货

拉高式出货主要适合短线操作和中小盘个股，游资发动的"妖股"行情经常使用这种出货方式。大多数散户投资者都有一个错误的操作习惯，喜欢追高进场。拉高式出货正是利用了散户投资者的这种弱点。这种出货方式一般发生在个股即将到达目标位之际，此时市场气氛狂热，做多人气旺盛，很多散户已经丧失理智，不顾风险追高买入。主力在拉高的过程中，通常会利用对倒手法，使成交量放大，价格上涨，给人一种走势健康的假象，引诱跟风盘抢筹，主力则在上方抛出筹码。这样，股价上涨的过程，也是主力将筹码转移给其他投资者的过程，如图3-4所示。

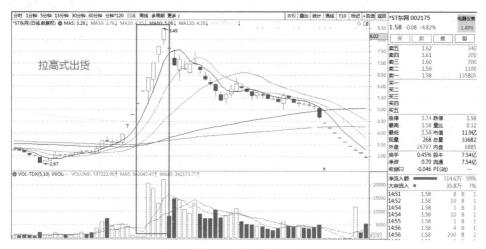

图 3-4　拉高式出货

散户应对技巧：

对于拉高式出货，散户投资者要保持理性，追涨不追高，不盲目跟风。股价上涨到一定的高度时，成交量明显放大，就应该注意防范风险了。尤其当股价上涨乏力，出现"乌云盖顶"或"倾盆大雨"的K线组合时，投资者应该果断出局，心存侥幸、犹豫不决，只能吞噬自己的利润空间。

5. 打压式出货

打压式出货是一种被动的出货方式，也就是说并不是主力主动选择的出货方式。一般是发生了突发性利空消息或是主力资金链出现了断裂等不可控的因素，主力不得不改变计划，迅速撤退。虽然这种出货方式会压缩主力的利润空间，但由于主力的持仓成本相对较低，即使打压式出货，主力也还会有一定的利润空间。

对散户投资者而言，这种出货手法凶狠且杀伤力极大，一不小心就可能深度套牢。当主力不得不采取打压式出货的手法时，刚开始打压股价，主力会用十字星或小阴线等 K 线形态，掩饰自己的出货意图，让散户投资者误认为这只是正常的洗盘或者回调，甚至部分贪婪的投资者还会采取加仓的操作。打压几天后，主力观察买进的散户投资者越来越多，便会采取凶狠的出货方式，跳空低开，放量大阴线，将前几天买入者全部套牢。这种出货手法由于时间短，下跌速度快，主力很难全身而退，只能在后市在大盘转暖之际制造反弹继续出货。所以，这种出货方式只适合主力持有筹码不多或者实力不是太强的情况，如图 3-5 所示。

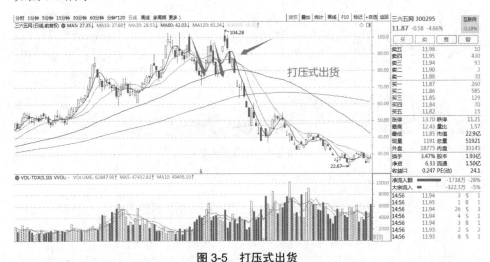

图 3-5　打压式出货

散户应对技巧：

若股价经过加速上涨，运行到相对的高位区域之后，一旦出现高位十字星形态，或是带长上影线的 K 线，且次日跳空低开收大阴线，则说明主力开始了打压式出货计划，正在不计成本地抛售筹码。投资者应该熟记一些头部 K 线组合，出现出场信号要坚决清仓离场。

6. 台阶式出货

台阶式出货是一种利用散户投资者贪心这个弱点出货的方式。当股价在高位开始回落，很多散户投资者不敢轻易进场做多。主力采取让股价下跌一段时间便开始横盘整理的方式。在横盘整理期间，总有一些散户投资者去抄底做多，主力则悄悄派发筹码。一旦横盘末端没有散户接盘，主力便将股价再次打低，然后重新开始横盘震荡，重复以上操作。这样，每一个台阶主力都会锁定一批套牢者，每一个台阶主力都会派发一定的筹码，如图 3-6 所示。

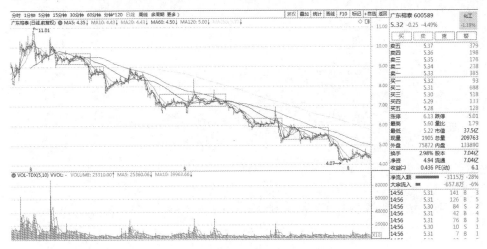

图 3-6 台阶式出货

台阶式出货方式的特点是主力从股价高位开始出货，在下降趋势中，缓慢地、分层次地将看不懂趋势的投资者套牢，每一个台阶的套牢筹码对后市来讲都是难以逾越的压力。这种出货方式，经常出现在大盘弱势、市场没有恐慌情绪、主观抄底意愿强烈的情况下。

散户应对技巧：

散户投资者首先要判断对趋势，下降趋势中绝不要轻易进行抄底操作。在台阶处进场的持股者，一旦股价跌破台阶的下沿，应该及时止损出局。因为趋势向下，股价重心下移，一旦被套很难反弹解套。

7. 无量阴跌式出货

无量阴跌式出货是一种股价呈阴跌走势、成交量较为温和的出货方式，主力手法相对隐蔽，不易引发跟风出货现象，好比是"钝刀子割肉"，看似杀伤力不大，实际上，迷惑性最强。虽然庄家每天下跌的幅度不大，出货量也不大，但日复一日，筹码便慢慢地派发出去了。一旦遇到连续小阴线沿着五日均价线呈下跌走势，如果股价前期已有巨大升幅且下跌时无明显支撑，通常是主力在悄悄派发筹码，如图 3-7 所示。

图 3-7　无量阴跌式出货

散户应对技巧：

对于无量阴跌式出货的个股，持股者应在股价放量冲高回落时或股价反弹到 20 日移动平均线附近时获利了结，一定要放弃侥幸心理，对于无量阴跌的走势，出局越早越有利；场外投资者看到无量阴跌出货的个股，千万不要过早介入，可以等到趋势反转时再考虑进场做多。

8. 填权诱多式出货

填权诱多式出货适用于高位高价个股，这种个股令很多散户投资者望而却步，不敢参与买卖。主力为了达到顺利出货的目的，通常采取除权的手法来迷惑散户投资者。主力拉升股价之后，涨幅巨大，价格位于相对的高位，这种位置会给出货带来一定的困难，因为从视觉上看，高位的个股风险就很大，很多胆小的投资者不敢参与高位的行情。主力为了解决视觉上的出货障碍，通常会用除权的方法来降低个股价格，同时，造成技术指标和成交量的失真。这样，视觉上显现的风险就被掩盖了。主力再次拉高股价，走出填权的架势，引诱投资者跟风买进筹码，主力则趁机抛出手中的筹码，如图 3-8 所示。

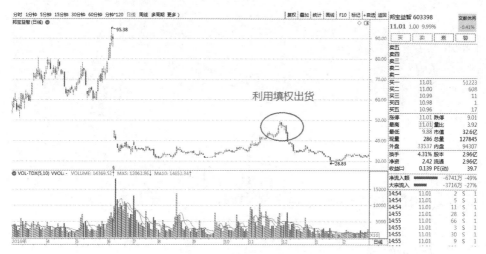

图 3-8　填权诱多式出货

有的主力除权之后，直接向下打压出货，这种通常在除权之前有过明显的较大的涨幅。

散户应对技巧：

散户投资者往往会被除权后的"低价"所迷惑，被变形的股价走势所蒙蔽。遇到除权的个股，投资者一定要将日 K 线图复权后再进行走势分析，以免因图形失真造成技术误判。

散户投资者虽然学习了出货的八大方式，但有时候也会出现误判，错将洗盘当作出货，在行情没有走完就被洗出局。正确区分出货与洗盘是投资者应该熟练掌握的技巧。

洗盘与出货技术特征虽形似但神却不同，但为投资者带来的结果却大不一样，因此，正确区分洗盘与出货，对投资者来说就显得尤为重要。实战中，初级投资者通常很难区分主力洗盘和主力出货，如果股票抛得太早，就放走了一条大鱼；如果股票抛得太晚，就会被主力套牢。

"洗盘"模样虽丑陋，但投资者若能耐心守候，或许会收获到不少利润，如图3-9所示。

图 3-9　主力洗盘特征

主力洗盘的特征如下。

❑ 股票价格在主力刻意打压下快速走低，但在其下方能获得强支撑。

❑ 股票价格维持在10日均线之上，即使跌破也不会引起大幅跌落，缩量盘稳后又会继续向上。

❑ 成交量呈递减趋势。

❑ 下跌时成交量无法放大，但上涨时成交量却放得很大。

❑ 股票价格整理后最终向上突破。

主力出货的特征与"洗盘"的特征有所不同，如图3-10所示。主力出货的特征如下。

❑ 股票价格在主力拉抬下快速走高，但在其上方出现明显放量滞涨。

❑ 股票价格跌破10日均线，不能继续向上运行。

❑ 成交量一直保持在较高水平。

图 3-10　主力出货特征

❑　上涨时成交量无法放大，但下跌时成交量却放得很大。

❑　股票价格整理后最终向下突破。

主力洗盘与出货的特征有很多不同之处，但两者在 K 线形态上几乎惊人地相似，都是长阴且伴有巨量，严重打击投资者特别是中小散户的持股信心。如果投资者不能分辨出它们或者反向操作，往往会蒙受巨大的损失。区分主力洗盘和出货的方法如下。

（1）要看股票所处的位置，如果股价是连续下跌后在底部区域上出现一根长阴线，则说明此时主力在洗盘。由于越来越多的人看好这只股票，这时主力为了独享胜利成果往往会突然实行打压，胆小的投资者往往会把大量低价筹码扔给主力，拔腿就跑，随后主力展开拉升。

（2）主力洗盘的目的是吓跑跟风盘，往往会假戏真做，使图形越难看越好，这样既达到效果又捡到筹码，随后股价再上一个台阶；而主力往往会掩饰出货目的，在下跌途中不时来 1～2 根阳线，但股价却不断走低。

（3）主力洗盘时常会注意调整的位置。一些重要的技术位和支撑位是绝对不会破的，而主力出货却不管均线走得怎样，只要能出货什么位置都可以。

（4）洗盘时一般不放量，常呈现缩量整理态势，但是上涨时成交量逐渐放大；出货时上升的时间短，成交量不太大，但是下跌时有大的成交量。

（5）洗盘时主力快速打低股价，并且在低位时有大量的买单成交，股价缓慢上升；出货时主力拉升股价速度快，随后慢慢盘跌，呈下降趋势。

（6）洗盘时股价一般维持在 30 日均线上方，即使跌破 10 日、30 日均线也不会引起大幅度跌落，而是在均线下方缩量盘整，随后被主力快速拉升到均线上方；出货时股价在高位盘整，均线在高位开始走平，如果跌破 10 日、30 日均线，会以阴跌的方式向下，安全出货。

（7）洗盘时一般伴随利空消息，以便吓出散户；出货时利好消息经常不断，这是主力惯用的心理战术。

主力出货时，盘面上会出现以下几个特点。

❑ 主力常会制造再次上攻前期高点且不会出现回调的假象。

❑ 经常挂出大笔买单，只要有人跟进，则迅速撤单。

❑ 在高位有时呈现股价疲软、上攻乏力的现象。

❑ 在分时走势图上，成交量常出现无量空涨或跌时放量的假象。

❑ 主力常会先用大买单封住涨停板，以便吸引散户追买，然后突然撤单，打开涨停板，把敢于追涨的买单全部罩住。

❑ 利用成交量柱状图的失真现象和除权后技术指标出货。由于除权前可能已经强权，故在除权后，主力往往经过一段时间的横盘整理，给市场该股已筑底成功，准备再次放量上攻的错觉。

区别主力洗盘与出货，是在与主力斗智斗勇。洗盘时主力总是挖空心思动摇投资者的持股信心，等到出货时总以美好前景来诱导投资者。当然，主力洗盘与出货方法仍在不断推陈出新，手法也越来越隐蔽和多样。

只要投资者明白，洗盘一定是在相对的低位和股价拉升途中；出货一定是在相对的高位；与阴阳 K 线的性质，尤其是所处的位置有关。

不管是理念还是技术，任何时候都不可能仅用一句话就总结出其精华，那么你就会处于一种混沌的状态。投资者在实盘过程中一定要养成化繁为简的习惯。

第二节 对敲出货有玄机

1. 对敲和对敲出货

对敲，是主力操盘的一种手法，就是利用多个股票账号，同时买进或卖出、操纵股价的一种行为。主力对敲主要是利用成交量制造有利于主力的股票价位，吸引散户跟进或卖出，目的是从中获利。对敲的手法可以用在股价运行的任何一个阶段。在股价处于相对底部区域时，对敲是为了激活股性，通过高抛低吸降低持仓成本；在股价处于相对顶部的区域时，对敲是为了制造假象掩护主力出货。如何识别主力对敲行为呢？可以通过观察盘口的成交栏来判断，如果连续出现较大的单笔成交，但委买委卖盘中没有此价位的挂单，或者实际成交量远远大于委买委卖盘中的挂单量，通常可以判断为主力对敲的行为。

对敲出货是指股价处于相对的顶部区域，主力为了达到顺利出货的目的，利用手中的不同账户同时买进卖出，制造出该股仍有上涨动力的假象，吸引散户投资者跟风买进，主力则开始大量卖出手中的筹码。对敲出货后，股价会逐渐走弱，之前诱多进场的散户投资者悉数被套。

可见，想要避开主力出货的陷阱，必须熟练掌握对敲出货这种主力常用的操作手法。一定要透过现象看本质，不要参与高位接盘。

2. 主力对敲的目的

主力对敲的目的有很多种，不同的股价运行阶段，主力的目的也不相同。我们这里只讨论主力出货时对敲的目的有哪些。

（1）利用对敲交易激活市场交易氛围，吸引其他投资者参与交易，对敲交易还可以优化盘面技术图形，让其他投资者做出错误判断。

（2）利用对敲制造交投活跃气氛，吸引跟风盘进入市场，与市场形成一定的合力推高股价，节省主力拉升的成本。

（3）利用对敲推高股价，为日后出货拉出空间或吸引跟风入场接货主力减仓派发。

（4）利用对敲交易做盘制造大量不明交易以迷惑欺骗投资者，使其看不清主力机构的真正操作意图。

认识、熟悉主力利用对敲推高股价减仓出货的行为，一是可以回避买入这类股票带来不必要的损失；二是手上如果持有这类股票，在出现明显的主力对敲诱多行为时可以及时退出。

3. 对敲出货特点

（1）大买单盘中突然袭击，股价直线飙升，然后迅速回落，如此反复多次。整个过程显得很突然，一般在几秒钟之内迅速完成拉升和回落，散户来不及反应，并且股价虚高是主力做出来的，很多时候分时线不会显示最高点的价位。

（2）为了制造主力向上拉升的假象，在某一个价位巨单压顶时，下面大买单不断，造成向上攻击的假象，散户以为有资金在进场，这时便很容易冲进去。

（3）股价瞬间拉升回落之后回归平静，不同的位置其接下来的走势也不一样，如果是在出货初期，股价则继续横盘；如果是在出货末期，股价则会大幅下跌。

（4）对敲出货有买有卖，一般一天没办法完成出货过程，会持续 3～5 个交易日甚至是更长时间。

（5）对敲出货，成交量也会有所表现。成交量短期内明显放大，出现大的量堆，但是股价涨幅却很小，即放量滞涨，有时候股价甚至不涨，形成量增价平的量价背离结构。

4. 对敲出货和对倒出货

对敲与对倒是两个概念，投资者应该将二者区别开来。所谓对敲是同一主力通过自己的不同账户之间的买卖来操纵股价的行为，而对倒是不同主力或者说是多个主力通过不同账户交易来操纵股价的行为。从上面的定义看，二者的相同点是对倒和对敲都是主力刻意操纵股价的行为，区别在于对敲是一个主力的行为，而对倒是多个主力间的行为。

近 1 ～ 2 年，市场上频繁出现一种私募出货手法，特点比较鲜明，由于此类手法已经存在一段时间，没有秘密可言，现举例为大家说明。

举例前先把大体流程和思路给大家说一下。主力通过前期多日的建仓和拉升后，再连续两天大幅拉升，然后利用对敲出货，从图形上看，斜率很大，如图 3-11 所示。

以博天环境（603603）2020 年 4 月 30 至 7 月 23 日的行情举例，整个过程55 个交易日，股价接近翻倍。主力通过多个交易日的建仓、洗盘，特点是上涨放量、下跌缩量，然后 4 ～ 5 天的拉升以放量长阳线为主，多是尾盘拉升，出货阶段以长上影线和大阴线为主，这就是对敲放量的手法。

2020 年 7 月 17 日，股价放量涨停，进入加速拉升阶段，但在涨停价位筹码有所松动，如图 3-12 所示。

拉升阶段第二天，收出带有上下影线的螺旋桨，全天股价震荡，如图 3-13所示。

拉升阶段的第三天，股价再次收出放量涨停板，并且是在尾盘封住涨停。之后不断地开板，主力运用对敲开始出货，如图 3-14 所示。

由于阶段涨幅较大，主力一边对敲诱多一边出货。7 月 23 日故意低开，然后向上对敲拉升股价，气势如虹，引诱散户投资者跟风进场。上午 10:50 之后开始震荡出货，如图 3-15 所示。

要避免在这种情况下去给主力接盘，大家一定要透过表象看本质。庄家越想出货，做出的形态看起来就越像是在吸货。

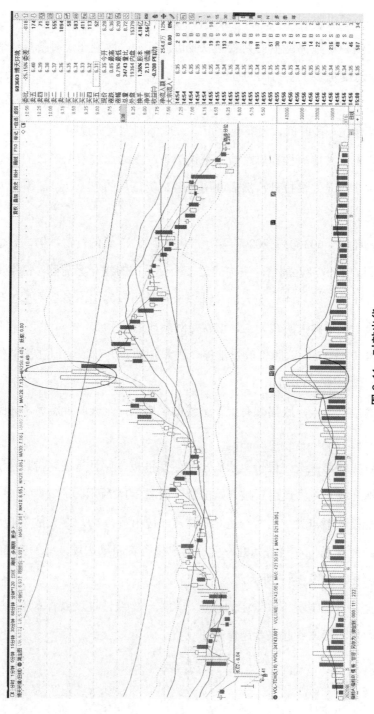

图 3-11 对敲出货

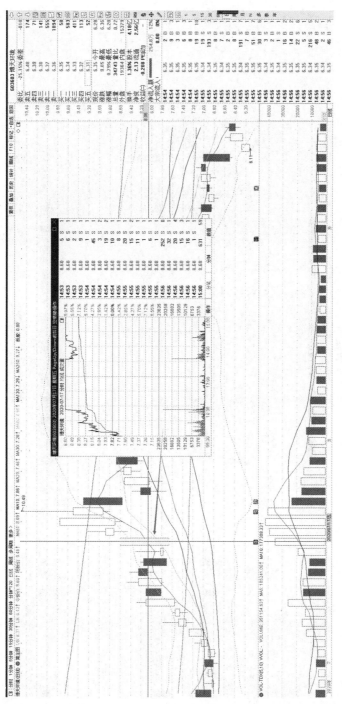

图 3-12 放量涨停

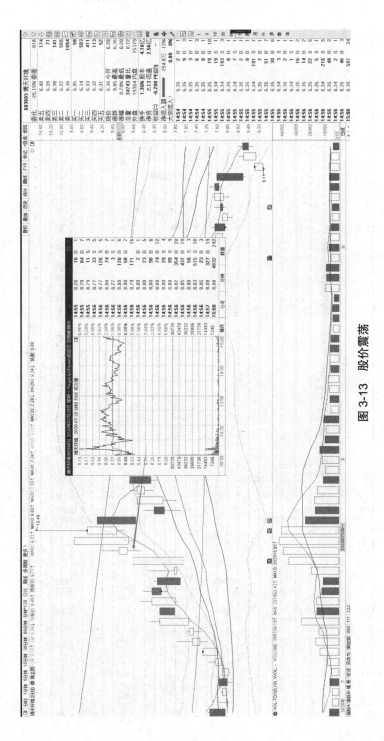

图 3-13　股价震荡

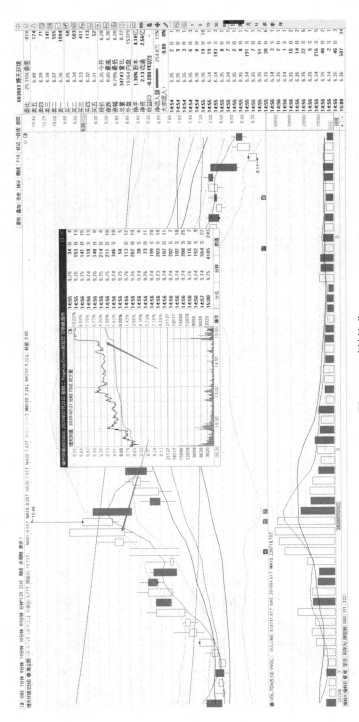

图 3-14 对敲拉升

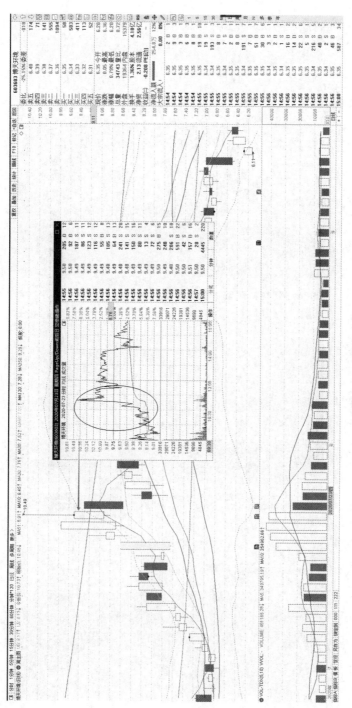

图 3-15　诱多出货

第三节 久盘必跌的原理解析

久盘必跌，又称为横久必跌。这种形态可以出现在不同的位置。在不同的位置、不同的趋势中，其所引发的后市走势有所不同。归纳起来，主要有三种情况。

（1）股价处于相对的高位横盘，其结果通常是下跌。因为股价在高位横盘，是主力出货的一种模式。一旦主力完成出货，股价就会跌破高位横盘的区域，将买进筹码的散户投资者套牢。

（2）股价处于下跌趋势中的横盘，时间长了也必然出现横久必跌的走势。主要原因有两个：一是熊市的中继，由于前期股市一路下跌，在技术上需要有一个休整的过程，更何况主力机构一路砸盘，做空动能也近衰竭，需要有一个横盘休整的过程。二是熊市的下跌半山腰，很多股民还没觉得之前的大牛市已经结束，很多人还想趁着股市出现调整的横盘之机来抄底。所以在熊市下跌中继横盘，也有主力想诱多的意图在内。

（3）在熊市的底部区域，主力机构要拿到足够多的廉价筹码，才能为发动下一轮行情做准备。此时，股指会在一个箱体内盘整，可能会盘整较长一段时间，甚至很多绩优股始终跌多涨少。这叫作震荡洗盘，把底部割肉的筹码震出来。而经过一段时间横盘之后，股指再向下破位，跌破箱底。不过空间已经不大，而当大家都觉得，这次又是横久必跌之时，股指却返身向上，新一轮牛市行情从此开始。

横久必跌在多数情况下，是股市下跌之前的预兆。在熊市底部区域，横久是为了吸到大量廉价的割肉筹码；横久之后，不仅仅大跌，而且新一轮牛市还会到来。同样，投资者买绩优股也要看是什么时候，要是绩优股买在阶段性顶部区域，那肯定也会损失惨重。而若是布局绩优股在熊市的底部，那等到新一轮牛市到来之前，股民就会获得大收获。久横必跌这句话在 A 股市场上的多数场合是没错的，但在少数熊市底部时，就未必正确了，要辩证地看待。

这里我们重点研究主力出货的横久必跌，主要指的是处于高位区域的横久必跌。关键词包括拉升过后、高位、久盘必跌，如图 3-16 所示。

图 3-16 久盘必跌

主力通过高位盘整阶段将筹码出得差不多了，手里仅剩少量尾货。所以，主力不需要再拉起第二波行情进行出货。我们要用原理去理解，为什么在拉升后，久盘必跌这句话是适用的、正确的。

资本只有一个目的，那就是追逐更多的利益，在一只股票中的情况也是如此，时间成本我们也需要计算在内；如果股价长时间横盘而无法向上突破，那么其中的资金必然会开始撤离。

根据市场不同参与者的状态，可以将所有市场参与者分为四种人，以下针对这四种人分别进行分析。

正在买入的人，指的是拿着钱、拿着鼠标马上要买入的人。他看到股价拉升了这么多，又连续 10 天都没有二次启动，购买意愿越来越弱。

正在卖出的人，指的是拿着筹码，拿着鼠标马上要卖出的人。如果现在卖出的，就都是赚到的。因为连续 10 天都不能再继续增值，所以宁可早日获利了结，产生了卖出欲望。

已经买入的人，手中有筹码，但股价不涨，他肯定要降低风险，产生获利了结欲望。

　　未买入的人，本来在观望，他们预期股价将会很快继续上涨，但却因为看见天天不涨，不敢轻易买入。

　　这就是久盘必跌的四种人的心理。任何时候都要站在这四种人的心理角度去复盘股票，用思维去操盘，去感受市场参与者的情绪变化。量价只是市场的表现形式，真正决定股价涨跌的是市场情绪形成的供求关系。

　　综合分析股市中四种人的态度，一旦发现股价的盘整，做空的力量越来越强，股价有向下的趋势，四种人的态度慢慢就会趋于一致，都持有看淡后市的态度。综合考量下，一旦真出现向下破位，就会形成一种市场合力，步入连续下跌。所以，久盘必跌，在高位这个特定环境下适用。

第四节　涨停板出货的秘密

　　相同的 K 线因为位置不同，所代表的市场含义也不一样。在分析 K 线时，一定要记住"位置决定性质"的铁律。

　　很多散户以为涨停板是主力建仓或拉升的结果，但实际上主力在涨停板的位置出货也是一种经常使用的操盘手法。

　　掌握涨停板出货的手法，对主力来讲是一种套现的方式，但对散户投资者来说，却是一种保命的技巧，同时也是一种逃顶的方法。

　　首先我们来了解一下主力涨停板出货。一般遇到这种情况，通常股价已经在相对高位。主力将股价拉到涨停板的价位，并在买一位置挂上大买单。

　　涨停板出货表现在盘面上，仔细观察，特征也非常明显。主要特征如下。

　　❑　开盘后迅速封涨停价，拉升过程以大买单吸引散户跟进。

　　❑　在涨停价上，封单并不大，短线跟风盘蜂拥而至，发现买盘挂有很多连续买单，价格停留在涨停价位。

　　❑　然后主力就把自己的买单悄悄撤掉，在涨停板价偷偷出货。

　　❑　当下面的买盘渐少时，主力又排上自己的买单，再次吸引跟风盘追涨。然后又撤单，再次派发筹码。循环操作。

　　盘中主力利用散户，特别是短线客的跟风心理和狂热的做多情绪，趁大家追进时，自己悄然离场，在最高价将手中的筹码卖给散户，当天成交量明显放出。

价格方面，股价处于涨停价，价格对持仓者是有满足感的，所以如果发现涨停价点位放量，则说明一定有资金买进，也一定有筹码出局。

卖在买先，相同的涨停价格，使用反证：放大量，一定有很多人主动卖出，才会产生这个大量。

所以，在 K 线形态上，出现高位放大量的涨停 K 线，这就是主力根据市场上的情绪在派发筹码。

涨停板出货的后市有两种情况：如果收盘封死涨停价位，说明主力手上还有货，还不想在较低的价格出货，所以次日一般会继续冲高继续出货。如果收盘没有封死涨停，那么第二天通常会低开低走，因为主力出货已经差不多了，低开可以套住当天的进场的投资者。

有的投资者可能会感到疑惑：缩量无法造假，放量可以造假，如何才能知道高位巨量涨停板是真的出货，而不是对倒拉升呢？

对于涨停板出货，我们可以通过对成交量的分析，证明高位巨量涨停板是出货而不是对敲。以下是关于思维的内容，请认真思考并深刻理解。

如果量是在涨停价上放出来的，那么，通过对敲实现放量是否有意义？通过问自己这个问题就可以知道：对敲如果不影响价格，对主力来说是浪费钱做无用功，所以，涨停价位上的大量成交，并不是对敲。不是对敲，那么，就是真实的卖出。

通过逻辑和思维去判断，这个是最上乘的看盘内功。

涨停板放量，要看是否合理。过度的放量一定有问题，适度的可以接受。

通过演示来给大家算一笔账，大家自己去评估涨停巨量是对倒的可行性，如图 3-17 所示。

大家觉得，如果是对倒，对比之前增加多少的量，才是合理的？对于机构来讲，5 倍？10 倍？如果要对倒，对倒多少的成交量才是合适的呢？2019 年 10 月 16 日的成交量是 18 026 手，次日的成交量是 192 215 手，成交量增加了九倍有余。从分时图可知，涨停当天的成交均价在 5.60 附近，与当天的成交量 19 221 500 股相乘，总成交额是 107 640 400 元，我们可以计算一下交易佣金需要多少钱？

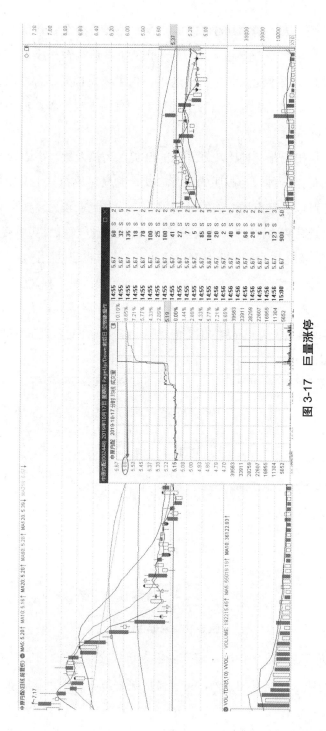

图 3-17　巨量涨停

这个是对倒一天，增加 900% 的成交量，需要多少金钱代价？交易费用并不少。而这只股票，今天是放了 10 倍的量，如果是对倒，成本过万元。一天的成本如此之高，还不能操纵价格。所以，也可以反推其不合理。讲解这些不是为了算账，而是为了更好地理解市场行为，有利于投资者明白市场的真相，从而做出正确的决策。

巨量涨停板出货是一种比较好发现的出货，高位天量，小心为妙。

涨停式出货是一种较为高明的出货方式，它既可以拉开上升空间，又可以节省成本，还可以引起市场追涨的轰动效应，派发起来较为轻松。

涨停式出货有两种做法：一种是庄家不在涨停板价位挂大买单接盘，以免吃进更多的筹码，而是用少量资金对倒，分批买进上方自己的大抛盘，来引诱投资者追涨，并不时地对准下方的承接盘抛售手中的筹码；另一种是庄家用巨量将股价封至涨停后，不断地将涨停板上自己的买单撤回往后排队。从表面上看，虽然涨停板上的买单数量没有明显的变化，但实际上庄家正在对着投资者的买盘抛售，如图 3-18 所示。

图 3-18　涨停板出货

散户投资者遇到这种情况，若涨停板之日成交量很大，且涨停板不时地被打开，则说明庄家出货意图强烈，持股者应见好就收，持币者应观望为宜。

第五节　主力出货的特征

主力的出货行为意味着个股的顶部已经到来。了解主力出货的特征，可以帮助投资者有效地安全出局，避免高位套牢或者减少利润空间。庄家出货阶段的特征主要表现在以下几个方面。

1. K线特征

K线组合在高位呈现出"阴盛阳衰"的局面。大阴、中阴K线数量不断增多，阴K线出现的次数多于阳K线，股价向下跳空的缺口很难回补，或出现高位放量长上影线、十字星、阴包阳等。

高位区域出货阶段常见的K线组合形态有长阴墓碑、黑三鸦、平顶、下降三法、空头母子、空头吞噬、乌云盖顶、十字黄昏星、顶部弃婴、吊线、流星线等。投资者应该经常复盘，熟记这些顶部信号，只有形成了下意识的反应，才能在实盘中做到知行合一。

2. 切线特征

股价在上涨的过程中，形成明显的上升趋势线；在高位横盘震荡过程中，形成箱体形态，下有支撑线，上有阻力线。当股价有效向下跌破上升趋势线或支撑线时，意味着涨势结束，跌势开始。一般情况下，这个时候，主力已经抛出大部分的筹码。

3. 形态特征

出货阶段一般发生在股价的顶部区域，经常出现的形态有圆形顶、倒V形、岛形、双重顶、三重顶、多重顶、头肩顶等，这些都是明显的顶部形态。这些也是技术分析的基础内容，投资者应该学会识别并正确应用。

4. 成交量特征

主力在高位区域出货，成交量会表现出量增价平或量增价跌形态。

股价经过大幅度的上涨，成交量在顶部急剧放大，有时呈单日放量，有时呈多日连续放量。若股价未能继续上涨，出现滞涨且成交量放大，则为量价背离现象，此时多为庄家在偷偷派发筹码。

股价在高位由升转跌，成交量大幅增加，说明庄家急于派发。在高位区域，若股价下跌，成交量相应明显放大，说明市场高位主力出货积极主动，散户投资者也应该及时离场。

5. 指标特征

（1）均线系统。股价形成头部时，5 日移动平均线从上向下死叉 10 日移动平均线，形成死叉；5 日、10 日、30 日移动平均线在高位形成三个死叉时，短期下跌已经成定势。60 日移动平均线一旦走平或向下拐头，则表示股价中期趋势转空。

（2）其他指标。周 KDJ 在 80 以上形成死叉，日 KDJ 在高位钝化，严重超买并出现顶背离，预示股价即将见顶；MACD 在高位形成死叉、顶背离或 M 头，绿柱出现并逐渐增长，说明头部已经形成。

（3）最有效的判断头部的方法是"三死叉"共振。就是 5 日均价线死叉 10 日均价线，5 日均量线死叉 10 日均量线，同时，MACD 指标死叉。三死叉一旦形成，意味着主力即将加大出货力度。

主力在出货时比较谨慎，有时候在 K 线图上并不明显，但是盘口上却很容易判断。盘口一般不会采用太激进的手法，盘中诱多出货就是其中一种常见的手法。

没有哪个主力会明目张胆地出货。出货行为会非常隐蔽地进行。

下面以中公教育（002607）在 2020 年 9 月 18 日的盘口来看看主力是如何悄悄出货的，如图 3-19 所示。

从日线图上看，股价前几日受到 MA60 线的支撑，当天止跌跌破 MA60 线，分时图上看低开低走，如图 3-20 所示。

图中可以看出，股价当天低开低走，盘中几次反弹都没有有效站上黄色均价线，我们可以通过成交明细发现主力诱多的动作，如图 3-21 所示。

当天在 10:20—10:21，有连续做多的买单不断出现，给投资者造成一种下跌企稳的假象。一旦有散户投资者跟进做多，主力就会悄悄地把自己手中的筹码使用小单卖出。

当天下午主力通过横盘悄悄出货。当主力发现盘口买一的量比较小，买二买三的单子比较大，通常会一笔大单直接派发出去，然后立即用小单把股价再拉回到卖一的位置。股价跌不下去，但也涨不上来，通常这种现象就是主力在悄悄地出货。主力暴露自己的真实意图在尾盘集合竞价，大量的卖单把股价直接从 31.62 打到 30.99，如图 3-22 所示。

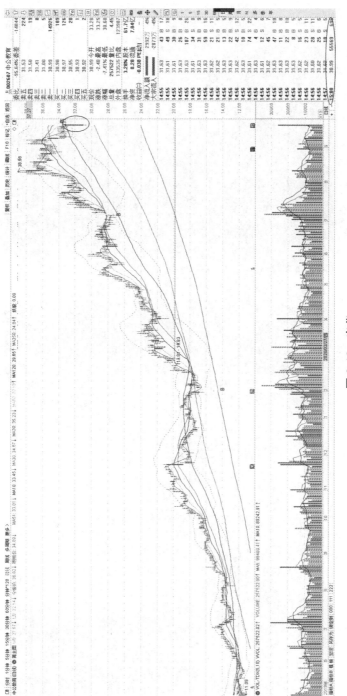

图 3-19　出货

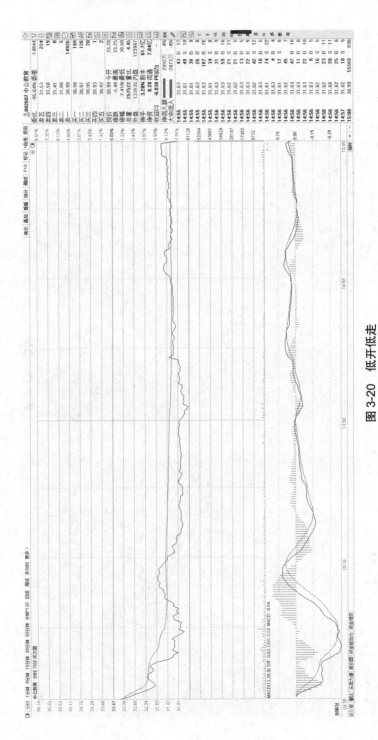

图 3-20 低开低走

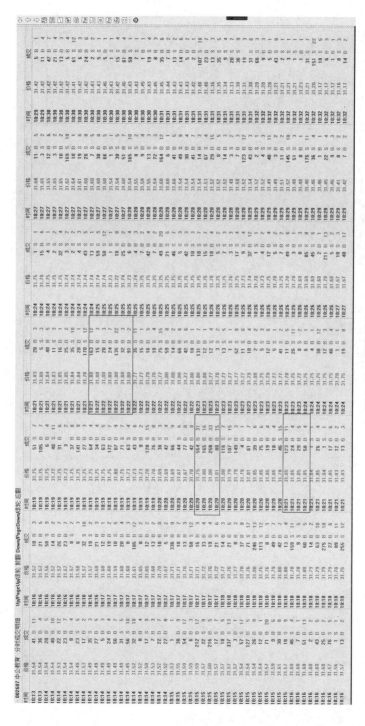

图 3-21 分笔诱多

002607 中公教育 分时成交明细 Up/PageUp/滚轮 前翻 Down/PageDown/滚轮 后翻

时间	价格	成交		
14:39	31.37	19	S	3
14:39	31.38	7	B	3
14:39	31.38	5	B	2
14:39	31.39	45	B	7
14:39	31.37	7	S	1
14:39	31.37	18	S	10
14:39	31.35	871	S	18
14:39	31.35	12	B	4
14:39	31.34	41	S	4
14:39	31.35	3	B	3
14:39	31.35	11	B	3
14:39	31.33	14	S	2
14:40	31.40	52	B	12
14:40	31.36	13	S	5
14:40	31.39	9	B	3
14:40	31.38	16	B	4
14:40	31.39	106	B	12
14:40	31.37	7	B	2
14:40	31.37	35	B	3
14:40	31.39	20	B	3
14:40	31.38	16	S	4
14:40	31.39	42	B	7
14:40	31.36	3	S	3
14:40	31.38	3	B	1
14:40	31.37	4	B	3
14:40	31.36	11	S	6
14:40	31.39	51	B	8
14:40	31.37	2		1
14:40	31.36	5		1
14:40	31.35	38	S	10
14:41	31.39	71	B	15
14:41	31.36	11	S	2
14:41	31.39	6	B	3
14:41	31.36	18	S	2
14:41	31.39	67	B	9
14:41	31.38	4	B	2
14:41	31.37	37	B	4
14:41	31.36	1		1
14:41	31.36	30	B	4
14:41	31.36	51	B	2
14:41	31.36	30	B	4
14:41	31.36	20	B	8
14:41	31.35	7	B	4
14:41	31.33	16	S	5
14:41	31.35	79	B	6
14:41	31.33	17		5
14:41	31.34	22	B	6
14:41	31.33	1	S	1
14:41	31.33	1	S	1
14:42	31.34	55	B	6

时间	价格	成交		
14:42	31.34	23	B	10
14:42	31.35	126	B	18
14:42	31.36	11	B	1
14:42	31.35	4	S	2
14:42	31.36	45	B	4
14:42	31.36	25	B	6
14:42	31.36	21	B	9
14:42	31.37	21	B	3
14:42	31.37	24	B	6
14:42	31.37	46	B	4
14:42	31.37	24	B	5
14:42	31.36	27	S	8
14:42	31.37	20	B	2
14:42	31.36	15	S	5
14:42	31.38	62	B	12
14:42	31.37	15		4
14:42	31.38	8	B	3
14:42	31.38	11	B	3
14:42	31.38	12	B	2
14:43	31.37	57	S	7
14:43	31.36	27	S	8
14:43	31.36	22	S	4
14:43	31.36	15	B	3
14:43	31.36	7	B	4
14:43	31.36	42	B	8
14:43	31.37	15	B	2
14:43	31.36	18	S	6
14:43	31.37	27	B	5
14:43	31.36	70	S	16
14:43	31.37	72	B	9
14:43	31.37	10	B	7
14:43	31.37	31	B	9
14:43	31.37	47	B	7
14:43	31.37	78	B	7
14:43	31.37	62	B	7
14:43	31.37	7	B	2
14:43	31.37	37	B	7
14:43	31.36	40	S	6
14:43	31.37	4	B	3
14:44	31.37	39	B	6
14:44	31.37	14	S	5
14:44	31.37	24	S	8
14:44	31.37	38	S	8
14:44	31.38	8	B	3
14:44	31.38	69	B	12
14:44	31.39	20	B	4
14:44	31.38	27	S	6
14:44	31.38	5	B	1
14:44	31.39	63	B	11
14:44	31.38	20	S	3

时间	价格	成交		
14:44	31.39	4	B	2
14:44	31.38	17	S	5
14:44	31.39	11	B	3
14:44	31.40	42	B	8
14:44	31.40	6	B	1
14:44	31.40	17	B	4
14:44	31.40	12	B	1
14:44	31.40	10	B	1
14:45	31.40	57	B	5
14:45	31.39	68	S	12
14:45	31.39	4	B	1
14:45	31.39	50	B	9
14:45	31.39	20	B	7
14:45	31.39	44	B	5
14:45	31.39	8	B	1
14:45	31.40	395	B	32
14:45	31.40	79	B	9
14:45	31.40	29	B	5
14:45	31.40	44	B	2
14:45	31.40	24	B	6
14:45	31.39	35	S	7
14:45	31.38	68	S	10
14:45	31.38	49	B	7
14:45	31.40	76	B	7
14:45	31.40	29	B	7
14:45	31.40	12	B	2
14:45	31.36	79	S	18
14:45	31.36	15	B	3
14:46	31.36	37	B	4
14:46	31.38	31	B	6
14:46	31.39	7		3
14:46	31.40	10	B	5
14:46	31.40	12	B	4
14:46	31.40	55	B	9
14:46	31.38	56	S	7
14:46	31.38	83	B	11
14:46	31.38	41	B	8
14:46	31.36	15	S	5
14:46	31.36	57	S	13
14:46	31.36	10	S	3
14:46	31.40	19	B	5
14:46	31.38	2	S	1
14:46	31.40	13	B	5
14:46	31.39	57	B	9
14:46	31.38	26	S	3
14:46	31.40	2	B	1
14:46	31.37	14	S	3
14:46	31.39	9	B	5
14:47	31.38	42	S	8
14:47	31.38	26	S	6

时间	价格	成交		
14:47	31.39	5	B	2
14:47	31.38	12	S	3
14:47	31.39	15	B	4
14:47	31.39	40	B	2
14:47	31.39	12	B	4
14:47	31.39	19	B	7
14:47	31.39	7	B	3
14:47	31.38	102	S	13
14:47	31.39	39	B	9
14:47	31.39	19	B	5
14:47	31.38	1	S	1
14:47	31.39	2	B	1
14:47	31.39	38	B	7
14:47	31.40	60	B	7
14:47	31.40	4	B	1
14:47	31.40	56	B	5
14:47	31.40	249	B	16
14:47	31.40	12	B	8
14:48	31.40	64	B	6
14:48	31.39	12	S	3
14:48	31.39	51	S	8
14:48	31.39	1	S	1
14:48	31.39	24	S	7
14:48	31.40	48	B	3
14:48	31.40	118	B	16
14:48	31.40	18	B	4
14:48	31.39	66	S	9
14:48	31.39	2	S	2
14:48	31.40	56	B	3
14:48	31.40	11	B	2
14:48	31.40	235	B	33
14:48	31.37	22	S	2
14:48	31.38	40	S	9
14:48	31.39	54	B	6
14:48	31.35	100	S	15
14:48	31.38	8	B	3
14:48	31.38	30	B	3
14:48	31.36	128	S	9
14:49	31.38	53	B	9
14:49	31.36	42	S	4
14:49	31.36	10	S	1
14:49	31.35	214	S	47
14:49	31.36	21	B	6
14:49	31.39	53	B	9
14:49	31.39	14	B	4
14:49	31.39	10	B	2
14:49	31.39	3	B	1
14:49	31.39	23	B	10
14:49	31.40	85	B	15
14:49	31.40	33	B	6

时间	价格	成交		
14:49	31.40	127	B	14
14:49	31.40	50	B	14
14:49	31.39	15	S	6
14:49	31.41	46	B	9
14:49	31.39	3	S	2
14:49	31.45	20	B	8
14:49	31.41	6	S	3
14:49	31.41	25	B	8
14:50	31.40	56	S	6
14:50	31.40	134	B	22
14:50	31.40	126	B	3
14:50	31.40	10	B	5
14:50	31.39	15	S	4
14:50	31.40	111	B	10
14:50	31.40	31	B	2
14:50	31.39	215	S	18
14:50	31.39	39	S	10
14:50	31.40	29	B	5
14:50	31.46	39	B	13
14:50	31.44	23	B	8
14:50	31.40	157	S	7
14:50	31.39	19	S	6
14:50	31.39	37	S	5
14:50	31.40	62	B	5
14:50	31.39	36	S	7
14:50	31.39	9	S	3
14:50	31.39	22	S	6
14:50	31.40	13	B	3
14:51	31.40	48	B	5
14:51	31.39	193	S	22
14:51	31.41	46	B	6
14:51	31.41	7	S	1
14:51	31.41	6	S	3
14:51	31.45	62	B	11
14:51	31.41	122	S	17
14:51	31.41	24	B	11
14:51	31.41	25	B	7
14:51	31.39	79	S	19
14:51	31.39	52	S	10
14:51	31.45	101	B	23
14:51	31.46	3	B	3
14:51	31.45	105	S	20
14:51	31.43	20	B	8
14:51	31.40	118	S	14
14:51	31.39	261	S	18
14:51	31.39	40	B	12
14:51	31.39	44	B	10
14:51	31.39	19	B	10
14:52	31.40	77	B	18
14:52	31.38	104	S	25

时间	价格	成交		
14:52	31.38	164	B	10
14:52	31.38	12	B	7
14:52	31.40	76	B	17
14:52	31.40	43	B	4
14:52	31.40	201	B	20
14:52	31.40	153	B	18
14:52	31.40	20	B	10
14:52	31.40	47	B	8
14:52	31.39	85	S	10
14:52	31.39	88	B	17
14:52	31.39	161	B	14
14:52	31.40	95	B	11
14:52	31.40	73	B	11
14:52	31.40	132	B	23
14:52	31.40	62	B	17
14:52	31.39	72	S	10
14:52	31.40	120	B	21
14:52	31.44	28	B	5
14:53	31.45	58	B	10
14:53	31.40	288	S	34
14:53	31.46	223	B	27
14:53	31.46	67	S	14
14:53	31.48	35	B	10
14:53	31.50	181	B	36
14:53	31.50	89	B	11
14:53	31.50	54	B	16
14:53	31.50	55	B	11
14:53	31.50	66	B	21
14:53	31.53	173	B	22
14:53	31.50	21	S	9
14:53	31.55	113	B	23
14:53	31.57	31	B	13
14:53	31.50	115	S	23
14:53	31.58	63	B	12
14:53	31.59	29	B	12
14:53	31.59	175	B	21
14:53	31.58	31	S	12
14:53	31.59	15	B	5
14:54	31.60	69	B	16
14:54	31.56	82	S	21
14:54	31.59	87	B	15
14:54	31.52	372	S	38
14:54	31.52	78	B	7
14:54	31.52	51	B	10
14:54	31.52	70	B	13
14:54	31.51	59	S	12
14:54	31.52	14	B	8
14:54	31.51	68	B	14
14:54	31.52	54	B	13
14:54	31.49	125	S	25

时间	价格	成交		
14:54	31.55	72	B	16
14:54	31.56	138	B	22
14:54	31.58	65	B	11
14:54	31.60	152	B	25
14:54	31.58	178	S	26
14:54	31.59	119		24
14:54	31.61	22	B	11
14:54	31.61	79	B	11
14:55	31.61	120	B	18
14:55	31.61	96	B	21
14:55	31.60	41	S	8
14:55	31.61	9	B	6
14:55	31.61	32	B	9
14:55	31.60	15	S	3
14:55	31.61	108	B	20
14:55	31.61	64	B	16
14:55	31.61	99	B	17
14:55	31.60	14		6
14:55	31.61	38	B	10
14:55	31.62	26	B	8
14:55	31.61	48	S	11
14:55	31.61	27	S	11
14:55	31.63	43	B	17
14:55	31.61	49	S	18
14:55	31.61	30	B	9
14:55	31.63	26	B	8
14:55	31.63	187	B	26
14:55	31.61	34	S	8
14:56	31.63	31	B	9
14:56	31.63	59	B	16
14:56	31.62	21	S	11
14:56	31.62	21	B	5
14:56	31.63	13	B	5
14:56	31.63	22	B	9
14:56	31.62	42	S	12
14:56	31.63	10	B	5
14:56	31.61	74	S	22
14:56	31.63	4	B	4
14:56	31.61	12	S	6
14:56	31.62	45		7
14:56	31.63	47	B	18
14:56	31.63	11	B	8
14:56	31.63	22	B	10
14:56	31.63	8	B	5
14:56	31.62	16	S	5
14:56	31.62	23	B	11
14:56	31.60	28	S	11
14:56	31.62	25	B	6
14:57	31.62	18	S	5
15:00	30.99	55569		696

图 3-22 尾盘出货

接下来我们来看看主力出货典型的分时图，主要有 5 种经典主力出货分时形态。

第一种形态：对敲式心电图出货方式，如图 3-23 所示。

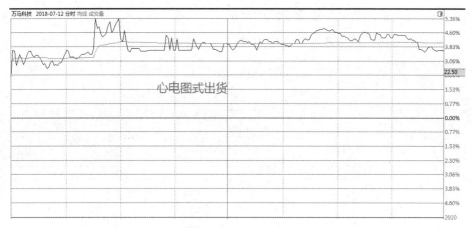

图 3-23　对敲式出货

盘口表现为主力在买一至买五挂满大单，同时在卖一挂出一张巨大的卖单，主力不断使用大买单来吞噬卖一，待大卖单消耗完毕，主力迅速将股价拉起，散户以为该股即将开拉，纷纷跟进，结果主力又打出一笔大卖单，将股价砸回原地。主力不断地用这种手法对敲出货，后市将大跌。

第二种形态：钓鱼式或是假升波出货方式，如图 3-24 所示。

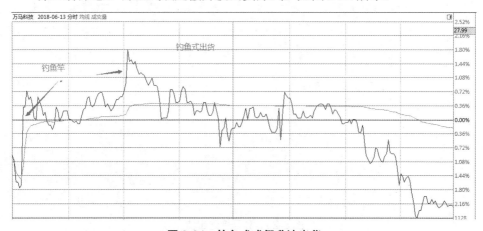

图 3-24　钓鱼式或假升波出货

此种出货手法常出现在股价大幅上涨的末期。盘中表现为，主力快速拉高股价，中间没有任何停顿，分时走势陡峭，涨幅超过 7%，然后主力抛出一个大卖单，将下方跟风追涨的买盘一网打尽。盘中经常会有跳水，第二日个股通常以低开低走的形势套住前面追涨的投资者。

第三种形态：震荡式出货是应用最广泛的出货方式，如图 3-25 所示。

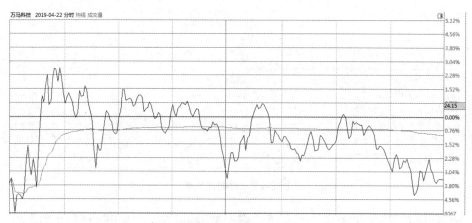

图 3-25　震荡式出货

开盘后分时线始终围绕均价线上下震荡，没有过多偏离均价线，下跌放量，反弹无量，是典型的弱势出货走势。

第四种形态：经典的高开低走出货方式，如图 3-26 所示。

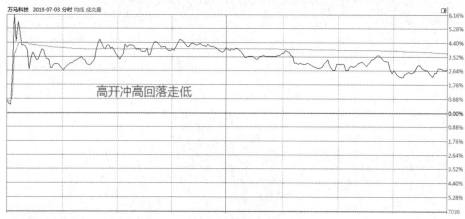

图 3-26　高开低走出货

　　这是个股在高位经常出现的出货图形，开盘主力放量冲高诱多，然后一路下滑，始终受制于均价线。在日K线图上经常形成长阴墓碑线。这和我们以前讲的一阳指绝技有相似之处，只是位置不同，而操盘的性质却截然不同。我们一定要学会区别对待，而不是千篇一律地禁锢自己的思维。

　　第五种形态：赶顶时的出货方式，如图3-27所示。

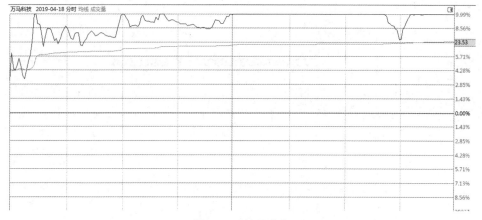

图3-27　赶顶出货

　　股票大幅上涨后上攻明显不流畅，股价震荡明显加剧，这是主力反复出货的标志。更主要的是股票封停后反复开板且放出巨量。

　　面对主力如此之多的出货手法，投资者应该如何防范风险？本人根据大量实盘总结归纳，认为应该做到以下几点。

　　第一，一定要设立止损点。凡是出现巨大亏损的，都是由于入市时没有设立止损点。而设立了止损点就必须执行。即便是刚买进就套牢，如果发现错了，也应该立即卖出。做长线投资的必须是股价能长期走牛的股票，一旦股价长期下跌，就必须卖出。

　　第二，不怕下跌怕放量。有的股票会无缘无故地下跌，这其实并不可怕，可怕的是成交量的放大。尤其是庄家持股比较多的品种绝对不应该有巨大的成交量，如果出现，十有八九是主力出货。所以，对任何情况下的突然放量都要极其谨慎。

第三，拒绝中阴线。无论大盘还是个股，如果发现跌破了大众公认的强支撑，当天有收中阴线的趋势，都必须加以警惕。尤其是本来走势不错的个股，一旦出现中阴线则可能引发中线持仓者的恐慌，并大量抛售。有些时候，主力即使不想出货，也无力支撑股价，最后必然会跌下去；有时候主力自己也会借机出货。所以，无论在哪种情况下，见了中阴线都应该考虑风险，如图 3-28 所示。

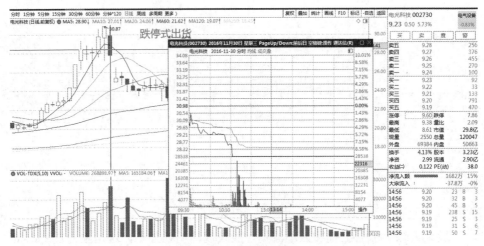

图 3-28 跌停式出货

第四，只相信一个技术指标，发现不妙立刻就出货。即使给你 100 个技术指标也根本没有用，有时候把一个指标研究透了，也完全把一只股票的走势掌握在心中了，但只要是发现行情破了关键的支撑，马上就出货。我们在做股票时要记住一个理念：进场要慢，出场要快，就是这个道理。投资者一定要记住一个理念：进场时要参考多指标进行组合判断，但出场时只要一个指标走坏就可以离场。这对短线投资者尤为重要。

第六节 知己知彼，百战不殆

博弈是双方或多方在一定的条件下，按照一定的规则，采取不同的策略并加以实施，从中各自取得相应收益的过程。在股市中，就是多方和空方的博弈，是庄家和其他参与者的博弈，我们这里讲散户和庄家之间的博弈。在博弈过程中，要想获得相对的优势，就要做到"知己知彼，百战不殆"。对于我们散户来讲，我们不仅要了解庄家的优势和劣势，也要明白自己的长处和短板。

几轮拉升下来，拉完了，该出货了。如何出货？卖给谁？出多长时间？诸如此类，这些都是令庄家感到头疼的问题。

不要以为股价拉高了，就可以出货了。没人接盘，主力照样束手无策。

所以，散户投资者不要以为坐庄容易。实际上，庄家不是人人都能做的。尤其是出货阶段的智慧更不是人人都有的。

随着时代的发展，现在新的出货方式层出不穷。透露一个行业内关于出货的秘密：有些机构专门负责代理出货。

很多有资金但不善于高位派发筹码的主力，把股价拉高之后，通常会找这类机构代理出货。这样就解决了坐庄过程中最难的出货问题，不过，利润要打些折扣。比如，以顶部平台横盘的平均价格打个七折给对方也是完全有可能的。这些都是题外话，大家了解一下就好，免得有一天不知不觉成为别人的接盘侠。

我们只有充分认识庄家，了解庄家，才能做到知己知彼，扬长避短。接下来我们将主力庄家和散户投资者做一个对比。

（1）主力一般是集中资金做一只个股，做一只成一只；散户喜欢用有限的资金买多只个股分散投资；有的赚，有的赔，最终结果没赚多少甚至亏损。

（2）主力在做一只股票前，对该股的基本面、技术面都要进行详细调查、分析，并制订周密的计划，之后才敢分批进场；散户买一只股票，三五分钟即可决定买卖，甚至不进行分析，完全靠感觉操作。

（3）主力年复一年地高抛低吸做个股赚钱；散户年复一年地频繁换股看着指数上涨却赔钱。

庄家正是由于有与我们截然不同的思维方式和操作方式，所以最终成为市场的赢家。假如我们散户也能谦虚地多向庄家学习，学习他们的思维方式，学习他们的操盘技巧，学习他们的耐心，学习他们的心态，那么最后利用所学，实现跟庄操作的目的。了解了主力的种种手法，散户投资者也会成为市场的大赢家。

当然，任何事物都有两面性。庄家有自己的优势，同样也会有致命的弱点，这也是主力庄家的"软肋"，大致有以下几种。

（1）庄家背后也是人在操作，和散户一样，也不可避免地会犯错，他也会被聪明的散户给啃了。

（2）庄家由于资金量大，进场出场都不及散户资金方便快捷。

（3）庄家资金量大，一旦出现亏损，数额巨大，主力操盘者的惧怕心理不比散户轻。

（4）庄家运行成本较高，他们的职业就是炒股，不可能长时间空仓等待，散户可以空仓等待机会来到之后再操作。

（5）庄家不管如何"骗线"，如何操控指标，其在股票的 K 线走势图中都会留下痕迹，很容易被成熟的投资者识破并采取相应对策，对此庄家也毫无办法。

（6）任何一只股票的庄家，都需要上市公司的配合，以顺利实现操盘目的。没有上市公司的配合，主力也只能是心有余而力不足。

（7）主力与主力之间很多时候是一种竞争关系，这在一定程度上会增加主力坐庄的难度。如果主力之间互不相让，那么最终只能是两败俱伤。

（8）主力庄家为了控制股价，欺骗散户，经常会打破市场自身应有的规律。比如，加大市场投机成分，使长期价值投资失去生存空间，增加了主力大资金运作的难度。

（9）主力运作一只个股完成坐庄全流程，需要有足够的时间和空间，而散户则可以只选择主升浪的行情进行操作。

（10）主力庄家去做一只股票，需要处理好各方面的关系，主要是规避监管层的市场监督，否则，很容易因控制股价的方法不当而受到法律的制裁。

庄家的病根已经被诊断出来了，我们只能多学习，多实践，多总结，逐步达到知己知彼的熟练地步。

主力操盘真真假假，虚虚实实。庄家可以利用各种手段欺骗散户，如收盘价、开盘价、最高价、最低价、放大量、消息面、资金进出等，几乎全是假的，那就没有真的东西了吗？当然有，那就是庄家控制不了的东西。从以下几个方面投资者可以躲过庄家设置的一些"陷阱"。

（1）主力刻意操纵个股走势，但操纵不了大盘指数。所以，在操作过程中，个股的收盘价、开盘价、成交量等类信息的东西，一定要辩证看待。但对于大盘指数的一些信息，可以适当作为参照。毕竟大盘指数是整个市场合力的结果，没有哪个主力能够影响到大盘的走势。当然，政策面的影响除外。

（2）主力的目的是赚散户的钱，就是所谓的"割韭菜"。为什么主力会在上升的途中采取各种操盘手法，如试盘、震仓、洗盘等，这都是"割韭菜"的手段，散户操作得越频繁，越容易成为主力的"韭菜"。主力庄家在坚守趋势的前提下使用一些操作手法实现自己的目的。如果散户投资者也懂得顺势而为的道理，在很大程度上就会识破主力的真正意图。

（3）分时图中的黄色均价线是一个相对可信的指标，它是由一定时间内的总成交额除以总成交量得出的每股平均成交价，此均线也可视为当前该股投资者的平均持仓成本。观察黄色均价线，要参考当天的成交量，成交量很小时，庄家也能操纵均价，但是成交量大时，那个均价倒是一天成交的真实反应。

（4）成交量在放大时很有可能是主力通过"对倒""对敲"做出来的，但是地量作为成交量指标的一种表现形式，代表主力放任市场自由交易的一种状态，由于其不可能存在欺骗性，而且对投资者的操作具备相当的实战指导价值，因而授之以"最有价值的技术指标"的桂冠。可以这么说，地量的真实性及实用性是其他技术指标所望尘莫及的。

（5）盘面上，小周期主力容易作假，但大周期主力无能为力。比如，有人认为跌破30日生命线就止损，但经常会出现这样的情况——散户止损出局，股价却返身向上，再次站上30日移动平均线，这就是主力常用的"假摔"动作。所以，投资者应该多关注大周期的盘面，关注大周期才不至于被主力的假动作欺骗。

认识了主力，了解了主力，那么在盯盘的过程中，我们就要重点关注庄家的一举一动。庄家操纵股价给证券市场带来的负面影响已被越来越多的散户所认识，对于散户投资者来说，重要的是如何正确地应对主力庄家的"骗术"，做到不盲目追涨杀跌。而要做到这一点，就要认清"坐庄"行为的本质，了解"庄股"所表现出的九大非市场行为。

行为一：股价暴涨暴跌

受庄家操纵的股价极易暴涨暴跌。因为在目前市场监管不够严格的条件下，股价很容易被主力操控。主力为了打出获利空间，通常会通过各种操作手法操控股价，使其暴涨暴跌。主力坐庄，首先拼命将股价拉高，在获得足够的空间后反手做空开始出货，并利用散户抢反弹或者除权的机会连续不断地抛出筹码以达到其牟取暴利的目的。股价暴涨暴跌是主力获利的需要，也是主力经常使用的控制股价的手段之一。

行为二：成交量忽大忽小

资本市场上的主流资金无疑是控制在庄家手里的，有的庄家为了吸引一些跟风盘注入资金往往会采用底部放量拉高建仓的方式，造成放量突破的假象，这时，在盘面上会显示成交量大幅度提升，主流资金则趁机出货；部分庄家也会采用对敲、对倒的方式转移筹码以吸引投资者的方式吸收投资者的目光，不管哪一种方式，结果都会引起成交量的急剧放大；由于主流资金控制在少数人手中，市场上散户的操作只会造成成交量短时间的增长，主流资金的交易减少势必导致市场成交的萎缩，从而在一定程度上降低了个股的流动性。

行为三：交易行为表现异常

盘面个股股价出现不合常理的低开或高开，收盘价莫名其妙拉高，或者盘尾出现大额资金的交易，人为操作的现象十分明显，造成盘中走势变化莫测，刚呈现出强劲的单边上扬趋势，却又突然大幅下跌。这种现象预示着控盘程度已经非常高，主力可能会有下一步的异动。

行为四：经营业绩大起大落

每个上市公司的股价及成交量和其公司的日常经营运作、赢利亏损等情况是密切相关的，但盘面上股价和成交量若出现不正常的波动，则预示着上市公司本身出现了问题。比如，股价的上涨反映到上市公司里，就是公司业绩的增长；但如果股价大幅度地提升，显示上市公司业绩大幅提高甚至连续翻番，则说明股价的拉升程度是异常的，因为任何一个公司的业绩，正常情况下都处于一个循序渐进的动态，一旦出现暴跌暴涨的情况，上市公司的利润数据本身就值得推敲了。

行为五：股东人数变化大

关注上市公司企业基本信息和财务报表我们就可以知道，一只股票的股价经历从低到高，再从高到低的一个周期循环，实际就是其股东人数从多到少，再从少到多的循环过程，庄股在股东名单上一般为多个法人或自然人股东持有数量相同或相近的社会公众股。由于庄家既要实现控盘的目的，又要防止一个法人或自然人股东持有超过总股本 5% 的流通股的现象出现，上市公司往往就会利用实际控制的关联账户同时操作。

行为六：逆势飘红走出独立行情

股票的盘面走势一般都跟随大盘同向波动，但庄股的表现却常常和大盘走势不同。初建仓位时，庄股采用逆势拉抬的方法以便快速拿到筹码，在震盘阶段，庄股往往不关注大盘走势，而是利用其前期收集到的筹码，对倒打压股价，在技术上形成破位，导致市场上产生恐慌情绪，从而进一步提高持筹力度。在拉升阶段，上述二阶段庄股的一系列操作极易造成拉升阶段的外浮筹不足，庄股此阶段利用对敲等虚抬股价的手段，逆势上涨轻而易举。而庄股此阶段的逆势上涨很容易引发关注，形成"赚钱效应"，引发跟风盘，为后期的平仓打下基础；在出货阶段，庄股利用企稳回暖大势、市场上散户在形势一片大好的情况下放松警惕急于赢利的心理，趁机抛售出货。

行为七：股价对消息反应异乎寻常

中国 A 股市场有一个重要的特点，就是受消息的影响较大。出现利好消息，股价容易上涨；出现利空消息，股价容易下跌。但是对于有主力进驻的个股，市场反应通常会显得异乎寻常。主力在坐庄之前，大多会与上市公司达成一定协议。这也是市场中公开的秘密。没有上市公司的配合，主力庄家就不会单独作战。这就给主力利用消息"反其道而行之"创造了条件。比如，在建仓吸筹阶段，上市公司会配合主力发布利空消息，散户抛出筹码，主力大肆吸筹；在达到目标价位时，上市公司会配合主力发布利好消息以吸引散户进场做多，主力则借机抛出手中筹码。

行为八：追逐热门板块炒作

所谓热门板块，是指因突发性的政策性利好或者行业利好刺激，使得市场投资者对于该板块股票未来具有极好的预期，从而使该板块成为市场关注的焦点和市场炒作的主流品种。炒作热门板块有两个好处：一是股价上涨空间大，主力获利多；二是股票的流动性好，主力易于进出。所以，很多游资（热钱）会选择一些热门板块的个股进行运作，在较短的时间内完成"吸、拉、派、落"。

行为九：偏好中小盘股

庄股偏好中小盘股主要有以下几点原因：一是中小盘股流通市值小，要得到控盘需要的资金量不大，操作起来相对容易，风险可控程度高；二是中小盘个股更容易脱离大盘的走势走出独立行情，并且中小盘股对大盘指数影响小，不易引起监管层的注意；三是中小盘个股实力一般，为了一定的利益，更乐意与主力配合；四是中小公司成长性比较好，很容易成为黑马，带给主力庄家暴利。

通过对主力行为的分析和研判，找到适合跟踪的品种，并深入对公司基本面进行分析，结合二级市场 K 线走势，将基本面和技术面做一个综合考量，找出最佳的进场点积极参与，才是广大散户投资者应该重点关注的。

综上所述，跟随主力炒股不一定全跟主力的步伐，但也不能全跟主力反着做。关键在于要看清主力庄家想干什么，然后跟着盘面顺势而为。

第七节　股市防骗术

上文中我们认识了主力和散户的优势劣势，本节将主要学习主力庄家经常给散户设置的陷阱，也就是操盘过程中的骗线行为。

庄家操作过程中，为了更好地猎杀散户，总会出其不意地做出一些人为的假动作，让散户成为自己的猎物。主力运作的不同阶段，会有不同的骗线动作。作为散户的我们，应该学会辨别主力的真真假假、虚虚实实，这样才能更好地回避风险，保住本金。主力惯用的骗线伎俩大致有如下几种。

1. 开盘价骗线

正常情况下，开盘价应该在上一交易日收盘价附近，如果出现大的变动，那就属于异常情况。一种可能是消息面刺激股价所引起的，另一种可能是庄家操控股价的结果。实际操盘过程中，庄家很容易控制开盘价。这也是主力控盘的主要手段之一。

我们知道，一天的开盘价是由集合竞价产生的。关于集合竞价的详细规则这里不再赘述。但必须强调的是集合竞价的三个原则：时间优先、价格优先、数量优先。"数量优先"尤其会成为主力控制开盘价的入手点。

根据操盘计划，庄家如果想使股价高开，在集合竞价阶段，就会先挂出较高价格的大量买单。如果大盘走势比较好，散户跟风盘就会比较多，将有较多的散户也跟着在较高位置挂出买单；如果大盘走势较弱，即使没有跟风盘，挂出的高价买单也更容易买到筹码，等待交易所计算机进行撮合成交，这样，根据"数量优先"原则，就会在较高的价位开盘。

相反，如果庄家想使股价开盘在较低位置，在集合竞价阶段，就会以低价挂出大量卖单，在大盘走势不好时，这几个大卖单就会引出很多抛盘跟风；如果大盘走势好，庄家为了防止别人抢去低位的大卖单，会同时挂出低位的买单。通过这种"对敲"的手法，可将开盘价控制在相对较低的价位。

绿盟科技（300369）2020年9月18日集合竞价期间，主力通过对敲的手法，将开盘价控制在低位，引诱散户抛出手中筹码。开盘后瞬间拉高。然后，全天基本运行在上一交易日的收盘价之上（见图3-29）。集合竞价跟风卖出的散户当天就会感到后悔。

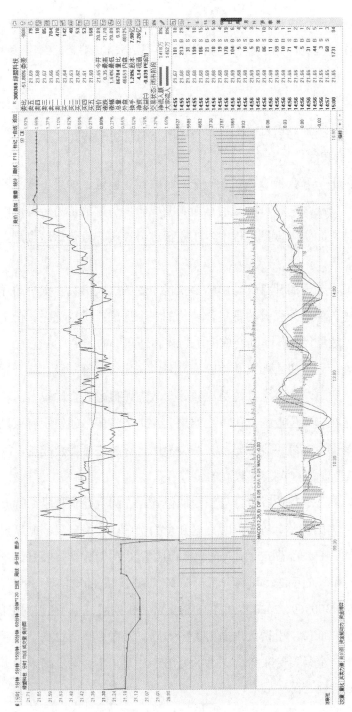

图 3-29 打低开盘

出货过程中，庄家通过开盘价骗线的操作过程如下：庄家准备出货时，为了使散户能疯狂追入，通常在某一根或几根大阳线之后再次跳空高开，并形成高开高走之势；当在买盘积累了很多散户的买单时，庄家会在 9 时 19 分 57 秒撤掉多单，再反手做空，将筹码卖给这些买单。这时，散户看到股价在大幅跳水，已经来不及马上撤单，因为 9:20—9:25 之间只能挂单，不能撤单。所以，散户投资者在集合竞价期间，最好在 9:24 观察股价的走势，以对开盘后股价走势进行确认。

2. 收盘价骗线

每天收盘时，A 股实行的是集合竞价制度。主力庄家通常通过集合竞价的优势，来达到自己控制收盘价的目的。一般情况下，主力会在前一天晚上制订计划，将次日的 K 线形态规划出来，开盘价、最高价、最低收盘价都要控制在某一个范围。收盘价代表的是一天交易的结果，尤其重要。控制收盘价，主要通过两种方法：一种就是瞬间拉高股价，使收盘价收在一个较高的位置；另外一种情况是打低收盘价，使收盘价收在一个较低的位置。散户如果不能明白主力的真实意图，很容易落入主力设置的陷阱。比如，主力通过尾盘瞬间拉高股价，一种可能是方便第二天高位出货，另一种可能是迅速拉高股价，在散户失去警惕时，迅速拉出获利空间。至于主力庄家的真实意图到底是什么，我们不能单一地根据分时图做出判断，必须结合日 K 线所处的位置来判断。

东方园林（002310）2020 年 9 月 18 日临近收盘，股价在最后一分钟急剧下跌，主力意欲何为，还需要下一个交易日进行确认，如图 3-30 所示。

3. 假突破骗线

主力在派发筹码阶段，会挖空心思，尽可能达到自己出货的目的。其中有一种方式就是利用假突破来达到骗取散户接盘的目的。在相对高位也就是出货区域，主力通常通过长期的横盘震荡进行出货。但有时候因为震荡市场，散户的参与度非常低，主力庄家很难达到自己出货的目的。于是，主力庄家会将股价拉抬起来，突破高位的震荡区间，给技术派一种错觉，以为是打开了上升空间，于是散户朋友疯狂追进去，而主力庄家正好实现高位套现。

洛阳钼业（603993）在 2020 年 8 月 6 日，盘中几度向上冲击，有向上突破之势，很多投资者认为打开了上涨空间，进场做多，主力则借机出货（见图 3-31）。结果次日股价低开低走，将前天进场的投资者套在波段的高位。

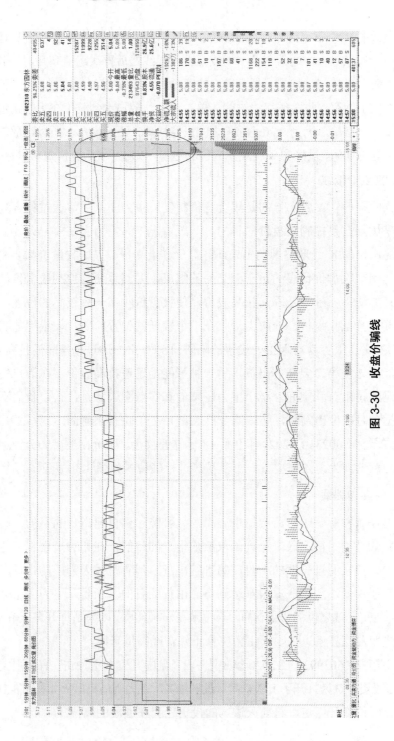

图 3-30 收盘价骗线

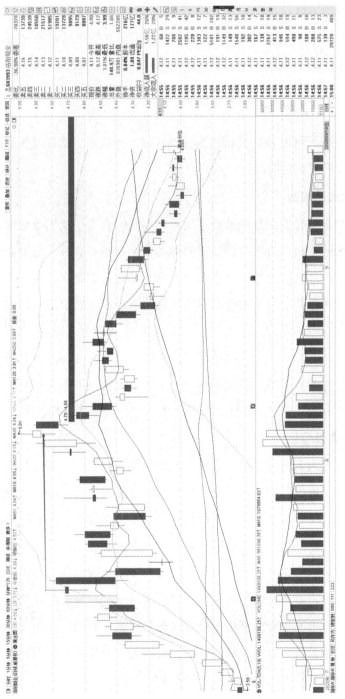

图 3-31　假突破骗线

有没有一种方法可以识破主力的假动作呢？关于突破，我们可以通过一个小技巧来进行区别。主要有两个方法：第一种就是观察突破前的 K 线走势。如果突破前股价出现了窄幅小平台，这种突破经过蓄势，通常是真突破；如果在突破之前已经有一段的涨幅，可能上升力度也开始转弱，这个时候的突破就是假突破。

第二种方法不用 K 线的突破作为评判标准，而是用小均线是否突破来作为评判标准。这样更真实有效。

4. 对倒放量骗线

对倒放量根据股价运行的阶段不同，有不同的含义。我们着重探讨一下在高位主力庄家派发出货阶段对倒放量的假动作。在相对高位，主力会通过对倒把成交量做大，形成巨量长阳，让散户误以为又有大的资金进场，不明就里的就会形成跟风买盘，主力庄家便把筹码派发给散户。我们说高位的阳线都是诱多，就是这个道理。

中国宝安（000009）在 2020 年 7 月 13 日，在波段涨幅较大的情况，当天收出上涨 7.54% 的大阳线。量能也达到了阶段性天量（见图 3-32）。这就是主力高位诱多的手法，就是为了在高位把手中的筹码转移给散户投资者。

5. 逆势逞强骗线

个股的运行大多时候随着大盘的涨跌而起伏。但是，盘面中也会经常出现个股与大盘的走势出现背离的情况。大盘跌，个股横盘或上涨；大盘涨，个股横盘或下跌。这种异动形态值得我们重点关注。在高位主力庄家的出货区域，个股逆市走强并非好事。大多数散户认为，强于大盘的个股后市会表现不错。主力庄家也正是利用了散户的这种片面认知，在出货区域故意走出强于大盘的走势，让散户对后市抱有很高的期望，从而实现现金和筹码的交换。一旦大盘止跌企稳，主力庄家也充分利用了个股"逆势走强"的假象，完成了大半的出货任务，这时个股就会进入补跌的阶段。所以说，当股价处在高位时，散户不要盲目地进行买入操作，免得误入主力庄家的圈套。

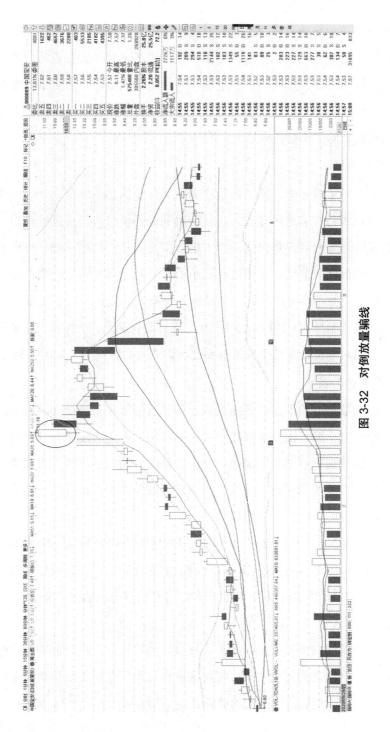

图 3-32 对倒放量骗线

爱康科技（002610）在 2020 年 7 月 30 日收出涨停板，但大盘当天报收小阴线（见图 3-33）。从盘面上看，爱康科技当天远远强于大盘走势。很多散户投资者就会认为后市该股必将继续上涨，纷纷进场做多，主力则借机派发手中的筹码。后面的走势也证明了当天的涨停板是主力诱多。第二天，大盘报收阳线，安康科技开始了调整之旅。

6. 除权骗线

每年都会有年报行情，高送转就成为市场炒作的热点题材之一。主力庄家在上市公司正式公布高送转预案之前就会得到内幕消息，提前进行布局，等方案真正公布时，除权后出货已成为绝大多数主力出货的惯用手法。投资者如在实际操作中遇到此类股票，一定要千万小心，以免上当受骗。一般在除权前后被套的投资者，如不及时出局，将会经历一个痛苦而漫长的长征过程。

顾地科技（002694）2017 年 5 月 19 日进行除权除息，从盘面上直观地看，股价回到了相对低位，但这个位置只要进场，就会悉数被套，如图 3-34 所示。

7. 假消息骗线

消息面是散户炒股的操作依据之一，甚至有的散户主要依靠消息来炒股。不可否认消息对于股价涨跌能够起到催化的作用。但主力庄家会利用自身的优势，经常与媒体进行合谋来欺骗散户。比如在股价的底部区域发布利空消息恐吓散户交出手中廉价的筹码，在股价的顶部区域发布利好诱惑散户经受不住市场的狂热而买进主力庄家手中的筹码。

海欣食品（002702）2020 年 8 月 20 日股价处于相对高位。媒体报道农业板块由于洪涝灾害近日连续走强，农业股的大涨开始向产业链传导，利好海欣食品等个股。结果股价不涨反跌，将轻信利好消息的投资者套在了波段的高位（见图 3-35）。

还有一些骗线的操盘手法，如大单托盘、大单压盘、拉升前的挖坑等，在前面的章节都已经讲解，大家可以在实战操作过程中总结扩展相关内容，识破庄家的操盘阴谋，提高自己操盘的胜算。

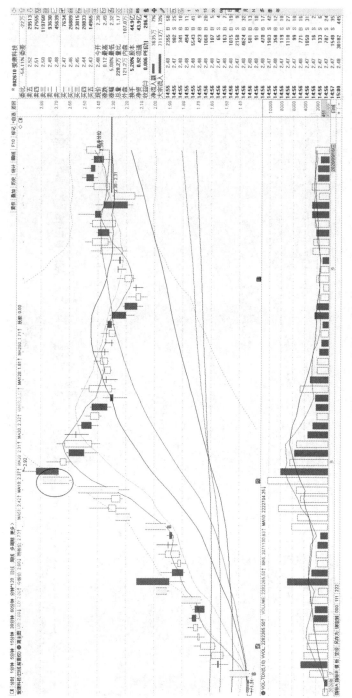

图 3-33　逆势逞强骗线

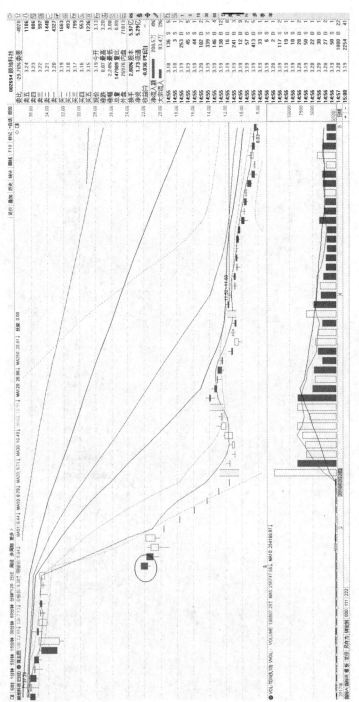

图 3-34 除权骗线

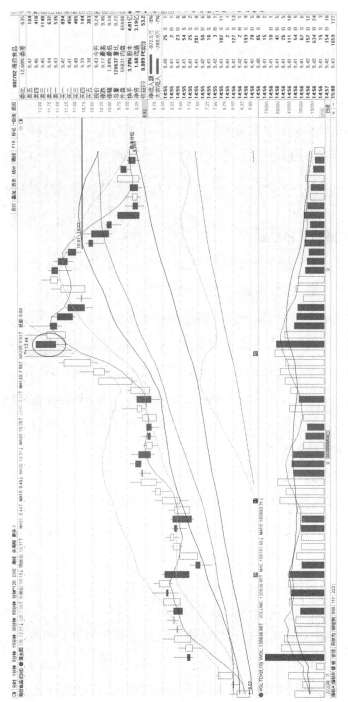

图 3-35 假消息骗线

第八节　交易中的"资金回撤"

1. 资金回撤

资金回撤是日常交易中常见的一个术语，指的是账户资金的减少。资金回撤在交易中是很正常的事情，亏损本来是交易的一部分。资金回撤是每一位交易者必须接受的事实。研究资金回撤，是为了更好地保住本金或利润，让自己的账户增值。

2. 对待回撤的三种态度

不同的投资者对待资金回撤的态度也不一样，大致可分为以下三种。

（1）拒绝回撤。部分投资者，整日处于担心资金回撤的恐惧中，账户资金稍有回撤，便会惶恐不安。他们在内心里拒绝回撤，主观地认为完美的交易没有资金回撤，于是，总是在想办法减少资金回撤，不断地加限定条件，不断地优化交易系统，不断地改变交易信号，以致落入了数据拟合的陷阱而浑然不觉。这不仅不能解决资金回撤的问题，甚至还可能成为不断亏损的原因。这类投资者通常心态不够稳定，主观意识太强。他们看起来像完美主义者，实则却是固执，并存偏见的一类人。

（2）接受回撤。成熟的投资者大多可以坦然接受资金回撤的现实。他们懂得亏损是交易不可缺少的组成部分，懂得在交易中能够保持大赚小亏是长期稳定盈利之道。他们也会优化交易系统，会完善交易信号，但他们却很少会改变交易系统的构架，因为他们懂得交易信号的一致性的重要性。资金回撤是盈利的成本。能否坦然接受资金回撤，是成熟交易者和菜鸟的天然分水岭，也是能否稳定盈利的重要标志。这类投资者心智健全，深谙"舍得"的奥妙。

（3）利用回撤。行情的波动导致资金账户出现震荡。也正是资金回撤的存在，使得部分投资者开始怀疑自己的交易系统，开始怀疑自己的交易能力，不断地在盲目和困惑中持续亏损。相反，交易理念正确的交易者不仅不会受到资金回撤的影响，通常还会利用资金回撤的时机，对对手盘进行清洗。他们眼光长远，敢于在资金回撤时加仓操作。这类交易者大多可以在市场中赚到大钱，因为他们知道"危机中蕴含着机会"，他们关注的焦点不是资金的增减，而是交易本身的对错。长期来看，懂得利用资金回撤的交易者总能够处于不败之地。

3. 如何有效地控制资金回撤

资金回撤只是交易不可或缺的一部分，完全控制资金回撤几乎不可能。但是为了增加收益，在有效的范围内减少资金回撤却是必要的。控制资金回撤的要点有以下三个。

（1）调整心态，正确认识市场。心态是一个交易者的软实力，看不见摸不着，但对交易的成败起着很大程度的决定作用。一个交易者应心态平和，面对上下波动的行情，能够做到波澜不惊，心如止水；只是客观地看待市场，而不是主观地臆测后市的走势，该止损时绝不犹豫，需要止盈时绝不贪婪；操作上进退自如、收放有序，跟随市场的涨跌节奏进行买卖。

（2）优化系统，适应不同市场。做交易的依据是自己交易系统发出的有效信号。因为市场环境在不断地变化，而交易系统不可能适应所有的市场环境。一旦出现二者不相匹配的情况，就要根据市场的变化适当调整自己的交易策略。一个成熟完善的交易系统，对不同的市场环境会有不同的交易策略。控制资金回撤，必须适时地调整自己的交易系统和交易策略。

（3）减少亏损，控制资金回撤。投资市场中散户亏损的三大主因包括逆势交易、重仓交易和频繁交易。任何一种都可能导致资金大幅回撤。所以，在实际操作的过程中，要尽量避免以上三种情况造成的亏损。技术上顺势为王，资金管理上分仓操作，心态上适度交易。守护以上三点亏损的三道防线，资金回撤的风险将大大降低。

当然，股市中知易行难，要想减少资金回撤，投资者必须做到知行合一。否则的话，一切都是空谈。

投资者应该熟记表 3-1 和表 3-2，一方面给自己的交易设定一个规划，另一方面给自己的资金回撤时刻做一个警示。

表 3-1　1 万元炒股复利计算表（每次赢利 10%）

单位：万元

次　数	本　利	次　数	本　利	次　数	本　利	次　数	本　利
1	1.10	16	4.59	31	19.19	46	80.19
2	1.21	17	5.05	32	21.11	47	88.20
3	1.33	18	5.56	33	23.23	48	97.02
4	1.46	19	6.16	34	25.55	49	106.72
5	1.61	20	6.72	35	28.10	50	117.39
6	1.77	21	7.40	36	30.19	55	189.00
7	1.95	22	8.14	37	34.00	60	304.48
8	2.14	23	8.95	38	37.40	65	490
9	2.36	24	9.85	39	41.14	70	789.75
10	2.59	25	10.83	40	45.26	73	1051.15
11	2.85	26	11.92	41	49.79	80	2048.4
12	3.14	27	13.11	42	54.76	85	3299
13	3.45	29	14.42	43	60.24	90	5313
14	3.79	29	15.86	44	66.26	97	10 353
15	4.18	30	17.45	45	72.89	100	13 780

注：不要小看每次盈利 10%，1 万元 25 次变成 10 万元，50 次变成 117 万元，73 次变成 1050 万元，97 次变成 1 亿元。复利效应魅力无穷。

表 3-2　亏损回本幅度表

本　金	亏　损　幅　度	回本所需幅度	增幅系数
100	0.0%	0.0%	0.00
95	5.0%	5.3%	1.05
90	10.0%	11.1%	1.11
85	15.0%	17.6%	1.18
80	20.0%	25.0%	1.25
75	25.0%	33.3%	1.33
70	30.0%	42.9%	1.43
65	35.0%	53.8%	1.54
60	40.0%	66.7%	1.67
55	45.0%	81.8%	1.82
50	50.0%	100.0%	2.00

续表

本　金	亏 损 幅 度	回本所需幅度	增 幅 系 数
45	55.0%	122.2%	2.22
40	60.0%	150.0%	2.50
35	65.0%	185.7%	2.86
30	70.0%	233.3%	3.33
25	75.0%	300.0%	4.00
20	80.0%	400.0%	5.00
15	85.0%	566.7%	6.67
10	90.0%	900.0%	10.00
5	95.0%	1900.0%	20.00

　　再次强调，资金管理在整个交易体系中是非常重要的部分。缺乏有效的资金管理，很难实现持续稳定的盈利。而防止资金回撤又是资金管理的重中之重。

第四章

落

股市赢家:
操盘跟庄实战技法

庄家出货完毕后，散户追涨的热情并不能使股价维持上涨态势。随后市场就会进入横盘状态，同时，股价并不会马上就跌落下去，这是上涨趋势的惯性使然。但是，这种横盘状态并不会维持太久，因为，当散户看到横盘的股价总是不涨，而别的股票却涨个不停，谁还有热情去维持这一只已经过期的"旧船票"？已经追进去的散户失去了做多的信心，态度开始多转空，随之出现大量割肉盘，股价必然进入下跌状态。股价回落的过程，我们可以参照苏宁环球（000718）的走势，庄家在高位横盘完成派发后，一直跌到 2018 年 10 月下旬，共计跌了 80% 左右，跌幅与中国石油有得一比，堪称 A 股市场中的"奇葩"。

如图 4-1 所示，在下跌过程中，盲目抄底者几乎全部被套。可见，理解股价回落的过程和特征，对我们避开市场风险、正确把握市场机会非常重要。

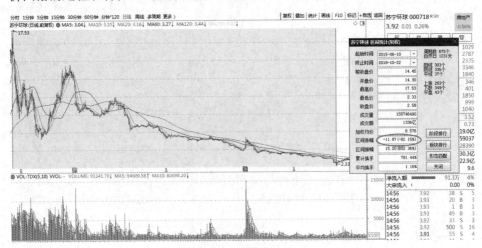

图 4-1　苏宁环球

第一节　"寻猪"理论

在股价回落的过程，最核心的问题是什么？"回落"在实盘操作过程中的作用又是什么？

简言之，"回落"的主要作用就是把前期的套牢盘一步一步赶往底部区域，力求场外新资金承接场内套牢盘。我们来看具体的例子，如图 4-2 所示。

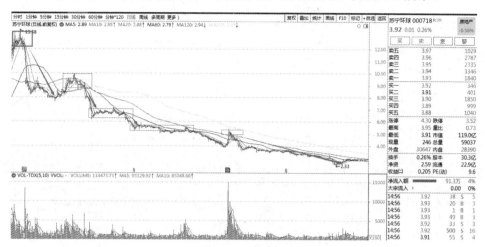

图 4-2 股价回落

具体操作过程中，主力往往会利用"博傻"理论，在下降途中多次制造出止跌企稳的假象，新入资金往往易受到假相的迷惑而接盘老的割肉盘，从而实现套牢盘的换手，达到把潜在压力层层下移的目的。在这个过程中，实际上散户与散户在博弈，主力只是制造假相，搅乱盘面，以起到推波助澜的作用。

我们研究分析股价回落，并非要参与股价回落的过程，而是为了找到市场隐藏的阻力位，从而为下一轮股价上涨做好充分的准备；图 4-2 加框部分为下跌过程中反弹的高点，也是大多散户容易被套牢的位置。我们分析股价回落的逻辑，就是为了更好地明白这些位置的特征，明白股价对应的成交量都呈现出放大的状态。

图 4-3 所示为京东方 A（000725）的案例，我们观察一下，很容易看到下跌阶段的反弹高点正是后期上涨过程对应的阻力位置。这也就是我们实战中所说的"看左做右"的本源逻辑。这种左右对应的关系绝不是巧合，而是股价运行的一个必然规律。

一般情况下，面临压力区，股价不会直接冲过去，在"兵临城下"时，主力往往会选择打压股价，让前期的套牢盘即将解套的希望破灭，此时大多散户就会选择割肉，导致股价出现一波回调，然后主力再次拉升股价，经过几次反复的操作，套牢盘不断地割肉出局，主力冲关的压力就会越来越小。

图4-3　看左做右

波浪式上涨的本质，就是每次股价上涨遇到阻力就回调，一个一个地攻克上方套牢盘的"堡垒"，最终就形成了波浪式上涨，而不是大多数投资者所认为的五浪上涨三浪下跌。这种论断很难对股价运行做出准确的预判，没有实战意义，缺乏实战的依据和逻辑，也正因为如此，才会出现"千人千浪"的尴尬局面，没有一个统一的标准，势必会使投资者左右为难，迷失自我。

当然，在这里我没有贬低波浪理论的意思，毕竟波浪理论也是股市中的经典理论之一。流传至今，自有它存在的道理，有它的可取之处，不过我还是想提醒一下广大中国投资者，适合自己的炒股理论最好，让自己能赚钱的理论最好。不要生搬硬套，迷信权威。要敢于挑战旧理论，创造好的新理论。

好的标准是什么？简单，实用，有效。同样，不管什么理论，在股市能赢利就是好理论。

而一种好的、形之有效的理论、逻辑、交易技术的形成，是不能只看其表象的。我们学习任何东西，都需要先从基本认知开始，更重要的是进一步研究其本质，避免走进统计学和K线形态学的死胡同。炒股，养成正确的思维，并找到最适合自己的方法，才是股市修行唯一的正道。

为什么说研究一只股票，要从回落开始？研究下跌，就是提供一个分析股价运行的思路。

因为只有研究清楚股价的回落，才能清楚股价的潜在阻力位置。如此，投资者才会明白什么时候适合买入，大概的上涨空间是多少，什么位置买进去，承担的风险报酬比是多少。

所以，放量伴随着价格下跌，就意味着放量的地方就是套牢盘比较多的地方。

我们用最简单的思维来诠释这个最基础、最本质的理论：套牢＝阻力，阻力＝套牢，把两个划等号，就容易理解股价运行的规律了。由此可知，在股价下跌过程中放量时进场的投资者，会被股价接下来的下跌走势牢牢套住，这群投资者绝非智者，我们姑且称为"大笨猪"。

主力就是一个"寻猪"的人，主力的思维，就是要在市场中找到"猪"的位置，从而更好地运作一只个股；我们也要明白，看左做右，在左边下跌的过程找到成交量较大的位置，在上涨的过程中作一参照。这样，才能够对股价的运行规律做到心中有数，从而避免盲目操作。

"寻猪"理论对投资者的实盘操作有很大帮助，下面举例说明，如图 4-4 所示。

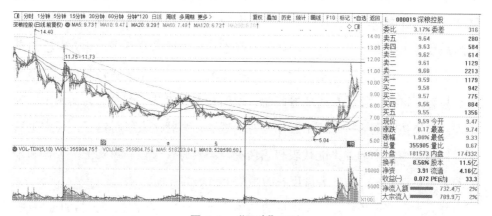

图 4-4　"寻猪"理论

图中线条的两个方向，分别对应着成交的量能和反弹上涨阻力位，为什么考量的是两个方向？市场的秘密就藏在这里。股价回落的过程中，每一波套牢，一般都发生在反弹放量的位置，交易员如果能把逻辑充分运用到实盘操作，就如同两军对垒时我们可以根据己方的地形推断出敌军的行军路线，无疑大大提高了这一战役的胜算。交易员只要把下降途中密集套牢的位置找出来，就可以推断出后面上涨的压力了，而股价要突破压力位，就必须释放残留的套牢盘。

第二节　反弹幻想和抄底思维

首先，与大家聊一个理念型的问题。如果你在过往的投资过程中输多赢少，这就说明了你以前的投资理念、操作方法等，甚至一些你一直自认为正确的交易系统是经不起实战检验的。如果你想要扭亏为盈，就必须转变思路，弃旧革新，摈弃过去导致亏损的理念和系统，建立新的、正确的交易理念和有效的交易系统。

在众多的交易环节中，判断大盘的走势是其中非常重要一个环节。如果大盘处于一个下跌趋势中，你还不停地买入或者补仓，这类操作的结局只会是一个结果，那就是亏！分辨不清大盘的趋势和位置，是投资者在实际操作中亏损的一个主要原因。大盘好比天气，我们出海打鱼要看天气预报；如果今天的天气状况是风狂雨骤，那渔民是肯定不出海的；如果不顺应天气情况强出海，其风险系数是可想而知的。所以，要想在股市中长久地生存下去，建立自己的盘势分析流程，看对大盘是基本功之一。在市场里，也存在一些轻大盘、重个股的交易者，这些人往往片面地看问题，他们拿出大盘跌、个股涨的案例来作为论据。如果按照逆势拉升的个股作为普遍规律，那就是大错特错了。现实生活中我们都知道，个例并不能代表普遍情况，不具有代表性。事实上，大盘和个股的关系是辩证统一的，大盘反映的是整个市场的环境。

尊重大盘的走势就是敬畏市场的具体表现。当然，我们强调大盘的重要性，并不是说可以轻视个股的作用。在一个合适的大盘趋势下操作，如果你不能把握好热点题材、龙头个股，盈利也不会太理想。

总之，关于大盘与个股的关系，真正的高手是把这两个方面完美结合起来的人。看好大盘趋势，选择热点板块，找对龙头个股，这才是王道，做股票只做"多中多""强中强"就是这个道理。

应该牢记，不妄想抄底，不幻想反弹，把这一理念作为我们的操作口号，努力做到"从来也不用想起，永远也不会忘记"。

股价在回落的过程中，被套的人总希望股价出现反弹以解放自己，然而事与愿违，市场总是惩罚那些不按市场规则出牌的人。市场的走势往往如一江春水向东流，即使偶尔有个反弹，力度也非常有限。因为在下跌的趋势中，从来没有主力愿意做"操盘侠"，解放上方的套牢盘。

有的散户总喜欢以自己的主观论断来对待市场，把自己的一厢情愿强加给市场，而不是按客观实际情况做出交易计划。当一个交易员让侥幸、犹豫、贪婪、恐惧等情绪支配了大脑，那么，即使股价偶尔进行了反弹，股市出现了一个很好的出场机会，这些交易员也很难抓住，因为没有反弹到自己买入的成本价，或者幻想会出现更高的反弹，而没有及时卖出，好的出场点却演变成了下一场悲剧的源头。

在图 4-5 中，上水平线是成本价位置，下水平线是现实中反弹的位置。在反弹中要"跑得快"，一旦出现反弹，就不要存在其他任何幻想，抓住这一机会尽快卖出是唯一正确的操作；降低反弹预期空间，只要反弹到技术位受阻，坚决清仓，这个时候，少输，就是赢。

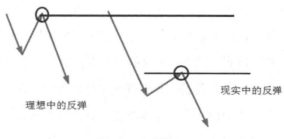

理想中的反弹　　　　　　现实中的反弹

图 4-5　反弹模型

关于抄底，很多散户对其操作理念的认知是错误的，人的贪婪心理，加上自作聪明的盲目自信，总认为自己可以抄到底部。第一次错了，不仅不反省自己的错误，反而错上加错，企图在亏损的头寸上加仓操作，摊薄自己的持仓成本，试图对抗市场，战胜市场走势。这类操作无异于在下沉过程中的轮船上增加重物，除了加快轮船的下沉速度外，没有其他任何作用。

当然，有时候摊薄成本可以让你解套，也正是这种错误的操作可以让你赚到钱，坚定了你逆势加仓的念头。这种情况下赚到的钱不会成为你的钱，因为这种错误的理念、错误的操作必将让你在将来的交易过程中付出更大的、不可避免的代价。因为，10 次操作，即使有 9 次逆势加仓，你都能得以解套，只要有一次没有按照你的预期走，你就会全军覆没，被市场扫地出门。这绝不是危言耸听，每个交易员都可以回看一下自己的交割单，为什么大多都是盈利的，最后算下来总体上是亏损的。

在这里我告诉大家一个长期稳定盈利的公式：

长期稳定盈利 = 大赚 + 小赚 + 小亏 − 大亏

也就是说，一般交易的结果大致可以分为四种：大赚、小赚、大亏、小亏。通过大量的复盘可以知道，账户资金的亏损几乎都是由大亏引起的。所以，只要在交易过程中我们能够避开大亏的交易结果，我们就会让账户资金慢慢增长起来。

另外，抄底的思维最大的局限是面向过去，用过往的经验、技术指标、统计数据来判断未来的市场。而市场的未来却是随机的，没有一个正确的理念作指导进行抄底操作，无异于自投罗网。

熊市中没有最低，只有更低。不要幻想抄底，因为市场真正的底只有一个，而你在下跌途中频频抄底，几乎都是错的。回头一看，抄底总是抄在半山腰。

底部是走出来的，不是我们主观想象出来的。我们可以预判，但不能不顾及市场的走势而进行主观的操作。在没有走出真正的底部时，我们所要做的就是多看少动。因为这个时候，多动多亏，少动少亏，不动不亏。股市中，能赚多少钱是市场说了算，你只需要做好自己的动作，赚多少钱市场走出来才行；亏多少钱是自己说了算，你可以选择不亏，或少亏，但决不能大亏。

我们可以通过技术、市场情绪以及趋势的定义，去等待市场底部的形成；应用技术分析来寻求市场的底部，一线定乾坤，化繁为简，帮助我们解决这个难题。

第三节　化繁为简：一线定乾坤

证券技术分析里面，无数分析师总在讲正确看均线的方法，观察金叉、死叉等。

今天，给大家来分享技术分析中关于"线"的故事。从"线"的"前世"讲到它的"今生"，把关于"线"的技术分析中，最核心的精粹给讲透。

投资要获利，学习就不能停留在表面上，必须理解好精粹。

大家平常很多时候喜欢划线分析，"线"就是我们常看到的这些，如图 4-6 所示的均线。

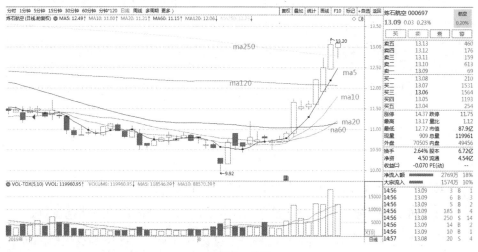

图 4-6　均线

又或者是趋势线、支撑压力线等，如图 4-7 所示。

图 4-7 趋势线

甚至更复杂的周期线、黄金分割线等，如图 4-8 和图 4-9 所示。

图 4-8 周期线

这些线，每个交易员都不会感到陌生，都是可以信手拈来的。

技术的评判标准就六个字：简单、实用、有效。越简单的东西越有效。

学习任何一种技术，你都应该明白，投资者首先需要熟悉游戏规则，而不是如我们平时想象中的认知。因为只有经历过你才能懂得股市中的故事都是主力做出来的。真真假假，虚虚实实，看着散户的底牌下注。有一种技术能让我们看到主力的底牌。

图 4-9 黄金分割线

我们平时使用的均线系统，一般情况下由六条均线组成，参数分别为 5、10、20、30、60、120、250，当然也有投资者使用 13、34、55 三条均线系统。每一条均线的作用，它们在操盘过程中分别承担的角色、包含的寓意，仅仅是市场情绪共振。其是否可以作为均线技术背后的逻辑？这只是一种猜想，离真相还有很长一段距离。

我们删繁就简，一线定乾坤，告诉你线的秘密，揭示关于线的真相。

我们直接从源头去理解线的本质。

从线的过去说起。其实，线，最原始、最天然的功能就是分隔，把一个整体分成两半，也就是说，一分为二的意思！

图形上的样子如图 4-10 所示。

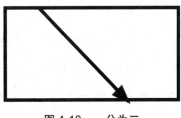

图 4-10 一分为二

"一刀两断"，一刀把下跌阶段和上涨阶段切成两半。这个问题很有意思。既然是切开下跌和上涨，那如何切才能更合理呢？

如图 4-11 所示，下降趋势线如同一把刀，把上涨阶段和下跌阶段切开了。

图 4-11 一刀两断

我们拿炼石航空（000697）为例说明，如图 4-12 所示。

图 4-12 炼石航空

从高点下跌开始，一直跟踪最近的两个高点，然后连线；我们可以看出第一次操作，如图 4-13 所示。

图4-13 下降趋势线1

然后，一个新的高点产生了，我们用最近的两个高点继续连接成一条线，如图4-14所示。

图4-14 下降趋势线2

我们继续看图4-15。股价仍然没有突破下降趋势线，还是没有机会操作，如图4-16所示。

接着关注接下来的行情走势。仍然是锁定最近两个高点，如图4-17所示。

图 4-15　下降趋势线 3

图 4-16　下降趋势线 4

图 4-17　突破

股价突破了下降趋势线，又有一波机会来了，如图 4-18 所示。

图 4-18　波段上升

总结：从中我们不难发现，其实很多线都没有用，我们只需要最近两个高点的连线，其帮我们把多空划成两半，永远锁定最近的两个高点。

这个方法用在下跌的过程中，指导什么时候反转做多，买入；在上涨过程中，指导什么时候清仓，也就是做空。

没有正确的思维做指导，任何一种方法使用起来都只是片面的。接下来讨论技术分析的精华部分。

四种人分析法是一种综合性的分析方法，是理论基础，是建立在 K 线形态学、统计学、数学和逻辑学基础上的，一般散户难以拥有如此深厚的理论底蕴。没有具体坚实的理论基础，就很难建立起自己行之有效的分析方法。

单从技术分析上来说，无法 100% 准确研判，因为技术分析（趋势理论）终究属于一种预测，是预测就会存在一定的偏差，如同天气预报，再先进的技术，也只是缩小了预测和实际情况的误差，加强了精准性，但绝对做不到预测和实际情况完全一致。

可能会有人认为，四种人分析法仅属于散户思维，只适合散户交易员用来考量，这种想法显然是错误的。主力设计 K 线走势时，每天都必然要考虑四种人的情况。

比如，以前操盘时，操盘手去设计未来的 K 线走势蓝图，老板会问，为什么这里要大阳线？我们就应该让老板知道这根大阳线存在的意义。大阳的存在可以能够改变市场上不同人群的行动和态度。

我们回归主题，以上说的是如何用线。如何找到这条线？秘密就藏在最近的两个高点或者低点。

以上是"线"的"前世"，也就是市场上大家经常使用的方法。下面，我们讲解一下主力如何"一线定乾坤"，"线"的"今生"，也就是我们目前怎么用线去发现主力的操盘踪迹。

找到最合适的一只股票当下最合适的那一条均线，就等于可以把其他均线完全删掉不关注了。

任何买入研究，都要从最近的最低点开始。一只股票的最低点在不断更新，要找到它对应的最近一个高点。这个方法有助于找最有效均线，如图 4-19 所示。

图 4-19　关键点

圆圈位置，就是低点对应的最近一个高点，记住是左边的，不是右边的，右边的是未来，左边的是过去。

以下操作至关重要，如图 4-20 所示。

图 4-20 航发控制

点中任意一条均线，右键，调整参数，如图 4-21 所示。

图 4-21 调整参数

多余的，调整为零，保留第一条，点上下箭头，调整到刚好压着找到的那个高点（画圈位置），如图 4-22 所示。

最科学的操作是找到最适合这只股票当前阶段的均线，做"线上阴线买，线下阳线抛"操作就可以了，如图 4-23 所示。

很多投资者运用常人思维很难理解这句话，笔者说一下对这两句话的理解。

图 4-22　调整位置

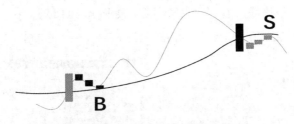

图 4-23　线上阴线买，线下阳线抛

　　线上阴线买，就是突破这条均线回调到均线时买入，也许是收盘价，也许是下影线。线下阳线抛，就是跌破阳线反抽均线时最后逃命。这是一种趋势，第一入场点服从趋势的操作理念。

　　刚才的股票，为什么参数要调整成92？

　　关键点在于"线"要压着低点前的一个高点。因为这样调整出来的均线，所覆盖的是近期的成本，这是最接近的估算。用这条均线，把多空一分为二。道理和刚才说的直线是异曲同工的，但更接近真相。

　　核心原理，这条均线的首次突破，冲击了该阶段所有人的平均成本，等同于解放了所有人，所以，此时一定有解套盘，需要顺势下洗。

　　下洗的低点就是最安全的买点，这就是线上阴线买。而线下阳线抛，是另一种逻辑，冲过去扛不住，重新跌下来，必须去再试一次。所以，要回去一次，确实扛不住的，就继续调整，等待新低点。

这就是这条线之所以能够指导操作的核心秘密。

最简单的逻辑是：一鼓作气突破最近一波的历史平均成本，就意味着解放了所有套牢盘。而为什么去解放所有的套牢盘呢？因为有资金对后市看得更高。

原理重在融会贯通。技术的东西有千万种变化，但原理都是相通的。关于道和术，二者不可偏废。在一定程度上，道比术还要重要。有道无术，术尚可求；有术无道，止于术。所以在日常交易的修炼过程中，我们应该把修炼的重点放到道的层面上，而不是整天追逐于术的层次。

第四节　谨防空头陷阱

在博弈过程中，散户一定要懂得进攻和防守的辩证关系。攻防孰先孰后？很多散户只懂得进攻，不懂得防守。很多时候，看上去整个局势都占有上风，但防守极其虚弱，一个漏洞就可能被对方利用并被击败。股票投资大师巴菲特一再强调防守的重要性；防守是保住本金的重要途径。股票市场投资的风险是显而易见的，所以，做投资，一定要先做好防守再决定进攻。

1. 空头陷阱及其形式

所谓的空头陷阱，简单地说，就是主力在交易市场中大力度做空，致使股价从高位区域的巨额成交量跌到空前低谷区域，散户投资者在恐慌心理的支配下必然大量抛售股票。之所以称为陷阱，是因为散户大量抛售后，股价快速升至原先的密集成交区，继续上升突破原压力线，从而使在大量低点抛售的散户血本无归。

天赐材料（002709）股价在上升趋势中，2020 年 9 月 3 日股价高开低走，开始步入连续调整走势，成交量也呈现连续缩量状态，很多散户由于经受不起调整的折磨抛售筹码。股价调整到位后，出现了连续拉升，股价再创新高（见图 4-24）。

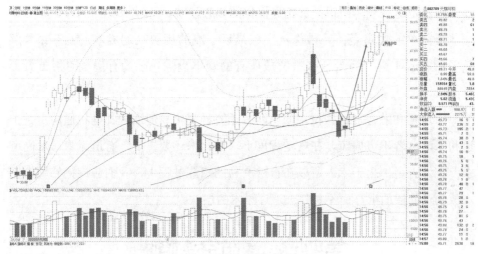

图 4-24 天赐材料

2. 如何识别空头陷阱

在大盘走势急转直下时，如何判断市场是真的出现熊市还是主力挖掘的空头陷阱，我们主要从市场信息、资金成交量、宏观基础、技术形态和市场人气五方面进行综合分析并研判。

（1）从市场信息来分析。"兵马未动，粮草先行"是行军作战的基本策略，交易市场如同两军对垒，而市场上展现出来的各种信息、舆情，就如同先行的粮草一般，在为战争真正的开始造势。市场主力资金借助本身的优势，努力营造出做空的势态，致使交易上到处都充斥着利空的信息，散户投资者一旦被这些信息迷惑，就很容易割肉抛售。

所以，散户投资者必须具备一双慧眼，能够对市场上传来的纷繁芜杂的消息进行辨析和过滤，去伪存真，只有这样才能避开主力资金营造的陷阱，不致成为主力资金建仓的垫脚石。

（2）从成交量上来分析。市场上随着股价的持续下跌，成交量处于无规律可寻的萎缩态势中，大盘趋势甚至出现无量暴跌的现象，各只个股成交量均处于萎靡不振的状态，交易量锐减，这种在散户眼里股市一片灰暗的景象，且遥遥无期看不到一点曙光的氛围，正是主力资金刻意营造的假象，目的是等待散户抗不住压力抛售，它轻松逢低建仓，从而获利。

（3）从宏观层面上来分析。散户投资更需要关注股市政策方面的宏观信息，宏观的投资环境在一定程度上影响着大盘的基本走势，如果投资经过缜密的分析和判断，市场上并没有出现实质的利空因素，基本上就可以识别市场上一时的利空局面，只是主力资金在"挖坑"，等着散户资金往下跳。

（4）从技术形态上分析。K线出现连续几根长阴线暴跌，跌落各种强支撑位，甚至向下出现跳空缺口，会引发市场中恐慌情绪的连锁反应。在形态分析上，常常会故意制造技术形态的破位，让投资者误以为后市下跌空间巨大，纷纷抛出手中持的股，从而使主力得以在低位承接大量的廉价筹码。在技术指标方面，空头陷阱会导致技术指标上出现严重的背离特征，而且不是其中一两种指标的背离，往往是多种指标的多重周期的同步背离。

（5）从交易市场上人气方面来分析。大盘长时间的下跌，势必影响散户的交易活跃度，萎靡的交易环境不断损耗着市场的人气；物极必反，当市场处于极度低迷的状态时，也正预示着柳暗花明时刻的来临，而散户在惴惴不安的心情的支配下，往往难以意识到机会的来临，从而任由主力资金从容建仓。

散户投资需要明白的是，在指数暴跌之后，其实投资的风险性也随着下降了，如果此时仍心存余悸，就会陷入新的空头陷阱中。

第五节　惊天拐点的秘密：小圆弧

拐点，在数学领域是指凸曲线与凹曲线的连接点，对投资交易而言，则是投资者该出手时需果断出手，不能失去的稍纵即逝的赚钱机会。

现在，我们来分享一个投资市场上的拐点，分析交易盘面拐点是如何出现的？如何才能精确地掌握交易市场上出现的拐点？

我们要想从本质上识别拐点，就需要提升自身的境界，开阔自身的视野，提升自身分析问题的能力，锻炼自己的思维和逻辑能力。要想看得足够远，必须站得足够高。

拐点，也就是转折点，此处极易出现涨停板，或者说，此处就是连续涨停板的起点。

在这里，笔者就把关于转折点的特点分享给大家。我们先来理解一个重要的逻辑：不论股价当前所处的位置如何——也许在上升途中，也许在下跌末端，也许在盘整之中，只要当天有主力大举进场吸筹，当天的分时走势就会留下相似的特征。在这里，我们不讲 K 线组合，不讲均线形态，而是直接研究主力资金大力进场的拐点，会在盘面留下什么样的痕迹，也就是分时图盘面有什么特征。

这是最本质的东西，万变不离其宗。学习原理以及分析其所产生的现象，比记住千百种图形来得有效，来得直接。

对于操盘手而言，要扭转原来的价格平衡，方法并没有太多，要么出消息，要么利用资金优势，发动"推土机"走势，上演一出"霸王硬上弓"。第一种出消息，很好理解，就是通过配合利好消息操盘，这样，事半功倍，成本比较低；第二种，"推土机"在实盘中才是常见的方法。

所谓"推土机"，当然是向上推，来者不拒。就是一个价位一个价位向上吃进筹码。但是马力不能大，就是说每天的涨跌幅度不算大，一般不超过3%，一路猛推，让散户都能跟上，跟上的都不跑。而且要控制底仓成本，使其不至于过高。

"推土机"的操作，一般都是游资主力所为，因为进驻的资金规模不大，所以推个几天，基本就能完成建仓了，没必要像集团军行军那样，耗费很长时间去建仓。

在这个过程中，主力遵守安全第一的原则。采用这种操盘方案的操盘手，就是利用这种交易心理运作的。这就叫"稳中有升，升幅有限"，类似于慢火煲粥。持仓散户跑得快的赚不到钱，让跑出去的散户看到每天上涨再次追高进场，主力则稳健地推升股价，稳稳地赚钱。

我们要记住主力打拐的两种图形：一种是单日的"推土机"，一种是多日连续的"推土机"。单日的，一路往上推，慢慢地连续向上，分时将留下如图4-25所示的操盘痕迹。

图4-25　分时推土机

多日连续往上推的比较强，往往推着推着就涨停上攻，如图4-26所示。

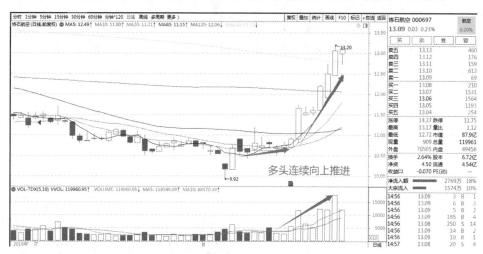

图4-26　日K"推土机"

那么，如何找拐点？通过分时图，找"鳄鱼张口"或者"蚂蚁通道"，比较形象，比较好理解，如图4-27和图4-28所示。

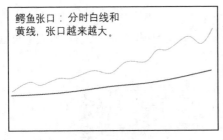

图 4-27　鳄鱼张口

图 4-28　蚂蚁通道

　　投资者需要关注的要点有两个：第一，K 线出现明显的拐头阳线，也就是 K 线产生明显的加速上涨的迹象，这个位置称为"打钩钩"；第二，分时是显著的鳄鱼张口走势。

　　以上两点必须同时满足；如果 K 线上涨，分时是"上窜下跳"尾盘拉起的，就不是我们要找的拐点了，如图 4-29 所示。

图 4-29　打拐点 1

　　我们通过大量实例快速学习如何"打拐点"，如图 4-30 和图 4-31 所示。

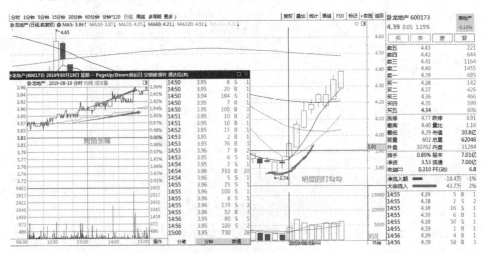

图 4-30　打拐点 2

194

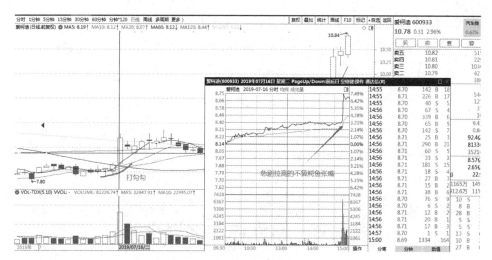

图 4-31　打拐点 3

还是相同的股票，同时符合"打钩钩"和"鳄鱼张口"的股票，就是拐点，如图 4-32 所示。

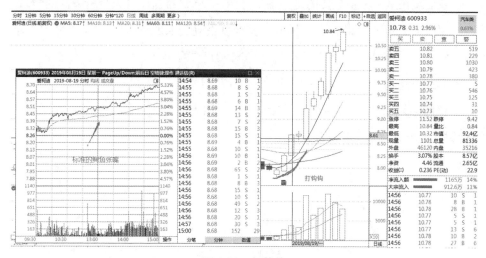

图 4-32　打钩钩

现在，我们总结一下：最核心的操盘痕迹，往往蕴藏在最简单的 K 线和分时图形里面，不管 K 线组合走的是何种形态，只要发现 K 线"打钩钩"+同一天分时"鳄鱼张口"，很大程度上就是主力启动推土机了！

当然也有例外的，小概率、数学问题上的碰巧是有的，但是那种是没有量的，可以通过是否有量的增加去判断，国产推土机是伴随着量适度放大的。

大道至简，讲解了"打钩钩"+"鳄鱼张口"+"适度放量"，图形非常简单，大家都能学会。但是，大家要深入理解其背后的操盘原理。理解背后原理才是核心，因为图形可以千变万化，原理才是万变不离其宗的东西。

学会了本节讲述拐点的原理后，希望各位投资者可以在股市里面多赚 10 万、100 万，甚至更多。最关键的是各位投资者是否真正地理解了拐点的原理并应用到实战中。

第六节　精湛内功之思维流

做投资，重要的是要有正确的理念。正确的理念来自正确的思维。投资者不仅要学习技术分析的看盘技巧，更重要的是养成运用正确思维分析问题的习惯。

我们现在从一个很重要的走势图形开始，切入思维流四种人分析方法的学习。

短线，最重要、最有实战价值、安全度最高的 K 线结构，就是"N 字"结构。N 字结构有助于把握交易机会。先来一起看看"N 字"究竟长什么样子，如图 4-33 所示。

我们必须记住"N"字结构的标准形态，因为所有股价的上涨结构都是"N"字结构的变形，如图 4-34 所示。

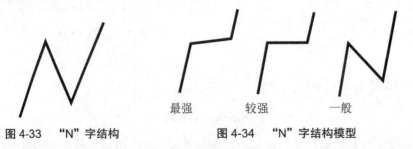

| | 最强 | 较强 | 一般 |

图 4-33　"N"字结构　　　　图 4-34　"N"字结构模型

它与英文字母的 N 很像。看了抽象的理论模型，我们再来看真实的走势图，如图 4-35 和图 4-36 所示。

图 4-35　美亚柏科

图 4-36　铭普光磁

　　我们记住这个最重要的上涨结构，先记住样子，并且记住一条核心，叫"打钩钩"。"打钩钩"结构如图 4-37 所示。

　　不用均线，因为均线是二次计算的数据，只看 K 线就可以了，要分析一手数据、原始的数据。只有经过一波上涨，汇价回调到位，再次出现反转信号时才是我们进场做多的时候。这个反转信号就是"打钩钩"的位置。

　　成交是由买方卖方双方共同完成的。所以，必须站在买卖双方的角度共同思考，这个才是核心。

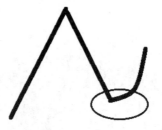

打钩钩反转

图 4-37　打钩钩模型

大家要去想：谁在买，谁在卖，而且最终要找到对自己狙击最有利的时机。

股价的涨跌一定是由思维引发的供求关系的变化引起的，而不是由量价关系引起的，它们只是股价运行的表现形式。

而心理分析的重中之重是看清"股市中的四种人"，认清"四种人"能帮助你完善交易系统。

第一种是正在买入的人：拿着钱的正在买入股票的人。

第二种是正在卖出的人：拿着筹码正在卖出股票的人；这两种人最贴近市场。

第三种是已买：已经买入的人。

第四种是未买：还没买入的人。（已卖出的人已经退出市场，不必关注）

之前有人曾经提过成交量配合的问题，我们就拿量价规律的"价涨量增"帮助大家体验什么是四种人分析思维。

首先，解释一下什么是"价涨量增"，就是：买盘主动进攻，情绪激昂；顺势响应盘在当前趋势中参与度增强。主力引爆推动后，出现顺势响应盘的，就成功了，也就是一呼百应。

现在我们来分享两个核心问题。

首先，要捕捉的走势是：它在追赶，不断地往上买从而形成顺势响应盘。

其次，有心想买的，看见上面有大单，果断把大单吃掉（推单，把价格不断往上推）。

买盘比卖盘心理更迫切，买盘力量大于卖盘力量，买盘掌握主动性力量。顺势响应盘着重从利益角度思考，肯定当前趋势，从而增强操作。

我们分解四种人的心理去对照一下"价涨量增"。

第一种人，正在买入的人（拿着钱随时可以下单）：看到趋势良好，希望趁势追击，而且先买的风险较小，收益较大，所以一般都设法尽快地买进，情绪激昂。简单概括，就是会产生心急买入心理的人。

第二种人，正在卖出的人（拿着筹码在卖出股票的）：看到趋势良好，希望获利了结，但趋势良好，可以有条不紊地卖出，情绪平和（希望卖，但不希望贱卖）。

第三种人，已买：看到趋势良好，但短期面临调整或阻力位，故落袋为安或解套为妙，愿卖出，只是一种想法，没有实际操作。

第四种人，未买：看到趋势良好，价位尚低，一旦突破阻力位前途不可限量，愿意买进。

卖盘被动地等，在相关价位等待买盘来解放它们；买盘主动进攻，任何可以买进的价位都吃进去；基于被套解放和落袋为安的心理，潜在卖盘消极卖出；潜在买盘看到趋势良好，并伴随其他诸因素的支持，会比潜在卖盘更积极地买进！

量增的原因：根据分析得出，四种人的活动都很积极，并且越来越积极，成交越多，所以量能在增加。

卖给你的人，不是不看好的，而是希望获利了结罢了，所以回调买是安全的。

现在，我们再用四种人思维去重新理解大家都听过的"价涨量减"，真正吃透本质，我们再应用这种思维分析一遍。

价涨量减：买盘主动进攻，情绪激昂；顺势响应盘在当前趋势中参与度减弱。此处会出现量价背离的走势，出现价格断层（因为惜卖的人高挂）。

价涨量减，上涨已经形成趋势，或已持续相当长的时间，或已突破阶段性、历史性高点。买盘比卖盘心理更迫切，买盘力量大于卖盘力量，买盘掌握主动性力量，顺势响应盘已着重从风险角度思考当前趋势，从而减少操作。

我们现在分四种情况去分析，一点点地去理解。

第一，正在买入的人：看到趋势良好，希望趁势追击，而且先买的风险较小，收益较大，所以一般都设法尽快地买进，情绪激昂。

第二，正在卖出的人：看到趋势良好，希望获利了结，但趋势良好，可以有条不紊地卖出，情绪平和，卖出不会很急。

第三，已买（重点注意）：看到趋势良好，涨得越高赚得越多，当然多多益善，惜卖（这类人是价涨量减的关键）。

第四，未买：看到趋势良好，但价位较高，面临的风险较高，惜买！

从正在买和正在卖的角度分析，说明趋势良好，多头高歌猛进的趋势中，本身便有加强趋势的作用，多头情绪的激昂，空头情绪的平和，使价格仍能延续涨势，甚至会以更猛烈的方式呈现。故价涨。

"已买"和"未买"说明在多头高歌猛进的趋势中，已买的交易者因为渴望更多的收益，不愿意卖出；没有买进的交易者因为害怕巨大的风险，不愿意买进，所以造成成交量减少。故量减。

两个核心：已买的惜卖，未买的恐高，造成了成交量的减少。二是量价背离到最后是撑不住的，所以会跌下来。

第七节　上乘内功：胜算交易策略

在学习本节内容之前，我们先分享一个故事。

徒弟去见师傅，对师父说："我已经学够了，可以出师了吧！"

师父问："什么是够了呢？""够了就是满了，装不下去了。""那么去装一大碗石子来吧！"徒弟照做了。"满了吗？""满了。"师父又抓起一把石灰，掺入碗里，没有溢出来。"满了吗？"师父再问。"满了！"师父又倒了一杯水下去，依然没有溢出来。"满了吗？"

学海无涯，如果不勤于精进，不勇于超越，将半途而废，又怎么可能成为行业的精英呢！

特别是针对思维，股市四种人的分析思维，我们掌握了以后，要多去思考：不同的走势下，它们是怎么变化的？思考如何更近一步？

举个具体的例子，说明什么是精进。我们学会了使用四种人去分析，其结论如下。

正在买的人，认为已经重新启动，要涨，加价买。

正在卖的人，认为已经重新启动，要涨，惜售。

已买的人，认为已经重新启动，要涨，持有。

未买的人，认为已经重新启动，要买，加价买。

使用"股市四种人"的分析方法，会得到对上涨有利的结论。为了使上述思维进一步升华，我们引进了另一套体系——胜算。也就是用来评估某个位置，值不值得下赌注的分析体系。通俗地讲，就是你的赢面大不大，如图4-38所示。

图4-38 科信技术1

在图中所示的位置做一个预测。记住，这里的细节是提前一天。如果明天这么走，对后天的影响是积极的还是消极的？如图4-39所示。

如果股价的走势是不涨不跌，会对市场产生什么样的影响？如图4-40所示。

图 4-39　科信技术 2

图 4-40　科信技术 3

如果接下来的股价呈现下跌走势，对市场影响又会如何？如图 4-41 所示。

我们提前一天去把次日的涨、跌、平进行分类分析。对后日的潜在走势的影响进行预估，可以得出如下猜想。

❑ 如果明天上涨，那么后天人气依然能维持，我 T+1（当日买进的股票，要到下一个交易日才能卖出）是有逃跑机会的。

❑ 如果明天横盘，那么后天人气依然能维持（弱于上涨），我 T+1 是有逃跑机会的。

图 4-41 科信技术 4

❑ 如果明天下跌，那么后天会不会引发市场负面跟风？我 T+1 日是否不利？

这样就可以得到一个结论：今天赢面是 2/3。所以今天就是安全的。

通过胜算分析，我们对四种人的分析又精进一次。

追热点是滞后的，是跑出热点后的跟随。"吸""拉""派""落"是表现形式！炒股最高的境界是：未闻先动！

我们回头来看刚才引入的胜算评估体系，其就是基于对后天的分析而对明天做的可能性分析。

这就是未闻先动，要预测和判断的是后天，而不是明天。大部分分析家都会去预测明天会怎么样，而真正科学的方法是，通过对明天全部可能的情况进行分类，评估赢面，预测后天。因为明天的情况，可以分类罗列，并且对后天的心理影响是可预评估的。

这个逻辑，基于中国 T+1 交易制度是最合适的，所以我们只需要在赢面大的时候去下注。正是因为谁都无法准确预测，所以，只有提高你的赢面，它才有重要意义。

这里讲解的胜算判断技术，市场上的投资者很少会使用其进行投资决策。为了投资时能多赚少亏，我们再进一步学习关于下注的内容。在资本市场上，真正懂得下注的人并不多。

大机会，下大注码；

小机会，下小注码；

无机会，不下注码。

投资者记住以上三句话，并遵照执行，投资绩效会得到大大的提升。

投资，是一门艺术，做好它，需要的是卓越的远见，也就是"遇见未来"的眼界。交易，也是一门技术，需要的是对胜算的把握。

在一定程度上交易的核心在于对胜算的把握。

我想，可能有人会不了解胜算是什么意思。

投资不过是一场关于如何衡量胜算的游戏，你要做的是计算每一笔交易的风险报酬比，并判断这笔交易是否划算，然后投入与你所能承受的风险相适应的资金。

通俗地说，"胜算"就是"赢面"的意思，就是研究你赢的把握有多大。抛硬币，不是赢，就是输，这个大家应该很好理解。但是交易不一样，交易的规则并不是"非黑即白"，存在很多灰色地带，所以"胜算预判"就产生了可行性。

我们举个上证指数的例子给大家说明胜算如何使用。我们看图分析，如图 4-42 所示。

图 4-42　胜算预判

当行情走到今天，我们首先去假设未来一天或数天，把可能的走势先列出来。分别有上涨、横盘和下跌三种可能。究竟应该如何利用这些可能的情况去评估胜算呢？

提示：以下分析使用到投资者预期的内容，也就是四种人心理分析理论；学习本节之前，应先学会"四种人"投资者预期分析那一节。可以进行如下分析。

第一，如果接着"上涨"的走势，市场中四种人（正在买入的、正在卖出的、已经买入的、未买想买的）的态度会开始看反弹，看涨。

第二，如果接着"横盘"的走势，市场中四种人的态度会依旧看跌。因为下跌后股价反弹在所有均线下横盘，看到上方均线的压力，投资者心理上就会产生"盘久必跌"的预期。

第三，如果接着"下跌"的走势，更糟糕，市场中四种人的态度一致看空，践踏式下跌开启。

总结一下三种可能的走势对未来预期产生的影响。

第一种，弱式看多。

第二种，看空。

第三种，看空。

上涨的胜算就是 (1+0+0)/3，也就是只有 1/3 了。就是说三种可能里面，只有一种能产生上涨的预期。赢面小，就要减少下注，如图 4-43 所示。

图 4-43　胜率的研判

反过来，下跌的赢面就是 (0+1+1)/3 = 2/3 =66%。再深入说明如何把胜算计算得更加精细。任何操盘方案都可以应用胜算的逻辑去判断。假如你的操盘预案从原来的涨、跌、平三种，换成更精细的五种：强涨、弱涨、平盘、弱跌、强跌，那就更加精细了，如图 4-44 所示。

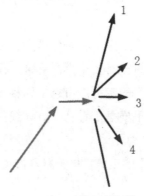

图 4-44　胜算预判细化

概率的精细度就会变成 20%、40%、60%、80% 和 100% 了。胜算作为一门交易艺术而存在，使用过程中大家需要注重逻辑，理解后将其演变成不同的形式。

第八节　扭亏为盈的正确路径

股票投资其实考验的是一种思想和心态，思想正确了，在股市中赢利其实并不难。但在现实生活中，股市中永远是亏损的人大大多于赢利的人，究其原因，根源还是在思想和心态上，一些不正确的思想和心态导致中小散户投资者屡战屡败，年年成为套牢族。现在我们不妨先清洗一下自己的头脑，抛弃一些错误的思维方式和心理状态，以全新的姿态重新进入股市，从而赢得最大的收益。

1. 股市亏钱的三大主因

（1）对市场知之甚少。股票投资市场公认的赢家江恩，在其投资生涯中，成功率高达 80%～90%，在他 53 年的投资生涯中，共从市场上赢取了 3.5 亿美元的纯利。而江恩最看重的一点就是对市场的认知度；江恩曾经说，投资其实和其他职业一样，从事这个职业之前，应该和律师、医生、工程师从事自己的职业一样，对自己准备从事的这个行业有充足的认知，积累的市场资料越广泛，了解的专业知识越多，越能够游刃有余地行走在这个市场上。我们无法想象不了解法律常识的人去做律师，不懂得医药理论的人从事治病求人的工作，同样，对投资市场两眼一抹黑的投资者，只有亏损一条路。

股票市场的投资者都希望从股价上涨中获利，投资者如果不具备关于股市行情的具体专业知识，在他们没有意识到股票交易是一种工作或专业，对专业水平有着较高的要求而盲目跟风，或者随着自己的主观意愿购进和卖出时，他们的盈利的概率是很低的。就如同没有精湛医术的医生根本做不到药到病除一样。因此，要想在股票交易市场中获利，就必须先获取知识，在准备从事这个职业之前就要开始系统学习专业知识。

（2）多数投资者没有止损意识。所谓止损，实质上就是改错。任何一个投资者都不可做出100%正确的投资，就如江恩，在他赢利3.5亿美元的纯利的背后也只是80～90%的成功率。而如果一个投资者不懂得止损，再多的盈利也有可能让你清零。

再优秀的投资者，一旦发现买入依据出现偏差，当务之急就是果断出手，力求少亏，而如此操作，是需要强烈的止损意识来支配的。

（3）交易过度或买卖过于频繁。凡事皆有度，欲速则不达，这一理论在投资市场上体现得更为明显。趋利是人的本性，为了赢利，一些投资者会频繁交易，而实际上，频繁交易并不能带来真正丰富的收益，因为盘面上出现拐点进仓的机会并不是随时可见的，而且市场中的交易手续费也不容忽视。我们可以算出一笔细账，假如一个投资者一年交易200次，一次买卖平均成本为5‰，一年的费用支出就是5‰的200倍，这个金额相当于投入的初始资本金额。

而且如果交易次数过多，投资者的关注点无疑会放在个股上，进而影响对整个盘面的判断，出现错误的概率也会随之增加，到头来造成得不偿失的局面。

2. 股票新手易出现连续亏损的原因

在交易市场上，新手交易往往会出现连续亏损的现象，究其原因，主要还是新手刚进入市场，不了解交易市场的客观现实，无法协调好市场客观性和个人主观性之间的冲突。总结起来可以分析归纳如下。

（1）不能接受亏损。新手入场伊始，往往主观能动性过于强烈，"炒股就是来赚钱的"这一目标明确且强烈，而一旦产生亏损交易，个人心理承受能力弱就会被压垮。带着情绪进入市场，只会造成负面连锁反应。

为了避免出现此类现象，首先要从心理上有个清醒的认知，接受投资市场的残酷性，冷静面对和处理投资交易中的具体环节。不要过分迷恋自己的交易系统，要学会接受未知的风险并合理进行止损。

（2）不能接受无功而返。一些新手进入股市，不是因为对资本交易市场有多么了解，也不是因为对金融操作有多么精通，而仅仅是受到某些暴利神话的吸引，想当然地认为进入资本市场就可以一夜暴富，在急功近利心态的驱使下，他们没有足够的耐心来等待资本市场上出现空仓的机会。仓促出手的结果只能带来亏损，而急于赢利的心理又会带着新手进行下一波的操作，以致出现下一波的亏损。

这部分新手需要充分认识到：资本投资不是"聚宝盆"，其仅仅是一种职业，而且是一种风险很高的职业。在这个风险重重的市场里，盈利的机会没有那么多，需要静静地等待。在没有机会时，空仓等待就是最好的策略；防守比进攻更重要。

（3）不能接受被"打脸"之后的踏空。资本运作过程中，很多人，特别是新手都会遇到这种情况：刚买入行情就出现反向波动，而且一路跌到事先设定的止损位上，刚忍痛出手卖出，个股行情却又开始以最初的预测方向快速上升，这时即便有再多的盈利却也已经和自己无关。这个时候，很多人难免愤愤不平，感觉被戏弄了，造成心理失衡，方寸大乱中又造成了更大的亏损。

新手入市遇到这种情况，首先要参考第 2 条接受无功而返，参考第 1 条接受亏损，然后再从内心深处接受这些变幻莫测的市场走势。单一的操作者，我们在股市这个浩瀚的海洋里都不过是一滴水的存在，任何行情，都不是针对单一的个体的。同时，市场上的任何一次波动，也不受你的情绪支配，你任何大喜大悲，在行情面前都不值一提。进入股市，就要锤炼自己的强大内心，练就泰山崩于前而面不改色心不跳的素质，冷静捕捉下一次机会才是最明智的选择。

行走于资金市场，面对的绝不仅仅是红绿相间的两种色彩。在这个色彩斑斓的盘面背面，蕴含着太多的东西，有哲理，有技术，有思维，有心态，有品性，有修养，那就是一个多彩人生的压缩，我们只有看懂了，看透了，才能更好地在这个市场上存活。

3. 培养概率思维的刻意练习方法

既然资本运作是一种交易，那么就存在两种可能，赢利和亏损；进入市场的投资者，初衷都是想在交易中保持盈利，但如何才能做到稳定盈利，除要对市场、对交易有充分的认知和深厚的专业知识和技术外，更需要交易者有一种淡然的心态，保持一种快乐的心情，一种自然的、积极向上的心态。在曲折磨难之中寻求快乐，得之淡然，失之坦然。在管理好自己心态和情绪的基础中，刻意养成良好的交易习惯，只有这样才能在大概率上获得盈利。做到这些，需要经历以下三个阶段。

（1）准备阶段：选择市场品种和交易系统。新手入市，首先需要选择一个交易平台。这个平台的选择需要考虑的是股票和品种的活跃度，只要选择的个股流动性好，付得起保证金就好，至于具体什么品种则不必给予太多的关注。其次，需要选择一个操作系统，如均线系统、K 线系统等，对于具体操作系统的选择，也不必过分纠结具体是什么系统，也不用在意这个系统是不是最好的、最优质的。我们关注的重点应该是对自己已选择操作系统的使用方式，选定了一个操作系统后，就需要对这个系统进行练习；这个练习不是对交易员的能力的训练，而是对即将操作的交易员进行思维、心态训练，训练出你的优势并帮助你建立稳定盈利的思维——概率思维。

在这个训练过程中，一般要注意下面四个关键点。

关键点1：时间周期。每个交易员都要有自己的交易时间周期，无论你是注重长线投资还是短线投资，都要保证自己的进场和出场的信号在自己的操作系统里，统一反映在一个完整的时间周期的框架内。也就是说，在一个时间周期内，建立含有自己所有操作的信号点，只有在一个时间周期内出现的各类信号之间才能有关联。

如果在60分钟均线图上识别支撑和阻力位，那你所要确认的风险和收益同样需要依据60分钟图进行计算；反之，如果你的风险和收益在30分钟图上来进行确认，就不具备任何意义。

但这并不意味着，交易员只可以看同一时间周期内的信号图线，而对其他时间段的信号视而不见；不管多长时间周期框架内的交易，都可以用其他时间段周期内的信息指标来做参考。比如趋势交易：时间周期越长，趋势形态会越明显，如日线图上显示的趋势会明显比30分钟图清晰。即使你的交易时间周期为30分钟周期，为了更精准地确定趋势的方向，也完全可以参考日线图。

关键点2：进场点。交易员定位自己的进场时间，需尽可能排除一切主观因素的干扰，客观理性地严格按市场规律进行。市场提示的进场点和自己操作的系统相一致，就要果断进行交易；反之，则一定要放弃交易，这个过程需要以理性的思维严格按市场要求来进行，不要因市场外因素或交易员的心理和情感随意中断或改变。

关键点3：止损点。每一个交易员进行交易前，都要设立自己的心理临界点，明白自己所能承受的最大风险值，即止损点；每一笔交易一旦触及底线，没有任何理由和借口，必须马上平仓。此时平仓，可能会有很多交易员心有不甘或心存侥幸，犹豫着要不要再等等说不定行情会反弹。其实，这种情况下，不管你使用的是哪类操作系统，在这种思想的干扰下很难做出正确的判断，所以，与交易系统变量中无关的受市场外部和操作员心理影响的操作，不但无法让你绝处逢生，反而会促使你进入更深一层的绝境。

关键点 4：适时止盈。我们上面谈到的交易时间周期、进场点、止损点，都要求交易员摒弃资本市场以外的杂念，严格按既定方案来操作。而我们现在要分析的适时止盈这一要点，则是在资本市场交易训练中，更需要谨慎的地方。这是因为，在交易前，很少能有交易员会提前思考：这笔交易到底赢利多少才是预期点。人生而存在贪利的本性，潜意识里不会为自己的盈利封顶，但市场走势不会以简单的直上直下的趋势呈现给交易员，所以在眼花缭乱的行情变动中，需要交易员凭借自己的实战经验来谨慎判断；即使行情处于上升的情况下，该平仓时就得果断平仓，因为也许到了下一分钟，回落的行情就不期而至了。

如果你还不知道如何理性客观地对待这个问题，那么笔者建议你进仓前把投入资金金额划分成几等份（可以 3～5 等份），然后按市场的波动来具体安排仓位。例如，你把资金分为 3 等份，如果在交易中赢利了 4 个基点，那就把仓位平掉三分之一。

平仓的数量取决于你在市场上所处位置的优势，以及你的预期的风险报酬率。而合理的风险报酬率可以让交易员做到适时止盈。

（2）第二阶段，正式练习：接受风险，严格执行交易。理论上准备得即使再充分，不接受实践的洗礼，一切都是纸上谈兵，而真正的交易，是在血与泪的见证下进行的。

训练前，先要设定你能承担的风险，如果你准备进行 30 笔的交易来试水，那你必须明确知道，你潜在的风险就是亏损 30 次，当然这是最糟糕、最极端的情况，发生这种情况的概率虽然很小，但不能说绝对没有。

明白风险的存在和真实承受并接受风险是截然不同的两件事，所以在明白风险的基础上，还要学会心如止水地接受训练中的风险。

其实，训练的原则很简单，就是要求交易员严格按既定的交易系统、交易思维来操作；在交易训练过程中，力求完全不受外界因素的影响，不随市场和心情的起落变动已定系统参数。

在交易训练中，你的内心会受到一对矛盾的折磨：理性思考与感性欲望；如果你的理性思考在较量中占了上风，就是你相信交易是概率游戏，不被自己一切主观的思想来左右，那么你将会成为一名合格的交易员，因为交易训练的过程，不仅仅是你熟悉交易系统的过程，更是一个交易员培养心理素质、克服交易中因为盈亏而使情绪出现波动的过程。

（3）第三个阶段，总结反馈：牢记原则，养成习惯。"学而不思则罔，思而不学则殆。"对交易员而言，交易操作的过程就是一个学习的过程，而交易后的总结反馈，就是思考的体现。

在交易训练的过程中，我们最初可以通过他人或第三方的监督来促使自己养成理性交易的习惯，而更重要的是，事后交易员通过自我记录和总结等方法，来对自己的交易进行总结、评估、反馈。

总结、评估、反馈这些习惯是需要交易员来刻意练习的；通过记录，找出自己交易系统中存在的风险点并及时地进行修正。通过对交易行为的自我评估，可以发现操作中无意识、习惯性的不足，同时可以总结出在交易中是否存在情绪化的操作。

交易员通过对自己每一次的交易行为和交易数据的分析总结，可以更清晰地看清利弊，在交易过程中慢慢强化理性的成分，逐渐习惯交易中对概率思维的信念。

积沙成塔，集腋成裘，知识、经验、技能都是在不断的前进中慢慢积累起来的，而及时反馈、总结和改进，正是学习进步的最佳途径。

在进行记录和评估时，要时刻记住五个基本事实和五个原则。

五个基本事实：

❏ 交易过程中一切结果都可能发生。

❏ 没有人能准确地预测未来，投资者也不需要确定接下来会发生什么。

❏ 市场存在变数，交易盈亏结果都是概率的游戏。

❏ 不同的市场、不同的每笔交易都有独特结果。

☐ 高胜率就是优势。

五个原则：

☐ 理性客观地思考和决策，切忌主观臆测。

☐ 每笔交易前，必须提前衡量风险，有足够小的风险报酬比才能交易。

☐ 接受风险才交易，不愿意接受就放弃这笔交易。

☐ 按照既定规则进行交易，绝不侥幸犹豫。

☐ 监视总结任何错误和任何可能出现的潜在错误并改进,完善交易系统。

若你能按照这样的练习方法连续并顺利完成了 21 笔以上的交易，且做到前后一致、不情绪化、保持客观，则概率思维将会逐渐成为交易决策中的重要组成部分。若投资者没有做到，请继续按照上述步骤反复进行训练。一旦你相信交易就是以较小的风险博取较大的收益，是一种概率游戏，并养成这样的交易和思考习惯时，那么对错、盈亏等概念就显得不再那么重要了，重要的是你对自己正向交易系统的执行力。

股票交易终极感悟

纵观股市历史长河，可以发现，任何人都不能够长期、精准地预测出市场的每一次波动，那为什么还会有一些人在这个变幻莫测的市场里持续稳定地赚钱呢？我思索多年终于明白，一个很重要的原因就是：成功的交易者预测市场走势，只是对市场的现实状况做出客观的反应；当预测与市场实际相左时，不会想方设法去寻找各种理由来企图证明自己的预测正确。赢利的投资方法可以有多种，但正确的思维却是唯一的。

1. 客观分析识别市场

投资理论的学习，只是用来对市场走势进行解读，而真正在市场上历经血与火的锤炼，从无数经验和教训中获取的认知，才更有助于投资者识别市场的真实趋势。识别市场趋势，即识别市场运行的大方向（趋）及主导这种大方向的力度（势），正是市场分析的核心内容。"顺势者昌，逆势者亡"，这一事物运行的一般规律在投资市场的风云变幻中展现得淋漓尽致。

至于如何才能比较准确地识别市场趋势，可以说是"仁者见仁，智者见智"；有人说要看宏观经济，但我们有时却发现市场趋势和宏观经济存在时滞或相背离；有人说需要看政府的政策，但我们有时却发现市场趋势和政府的政策并不完全一致。

识别市场趋势对交易员的意义不言而喻，它是指导我们建仓的指南针：与大趋势方向一致的头寸，相对容易获利，头寸可大一些，持有的时间也可稍长一些；而与大趋势方向不一致的头寸，量就应小一些，持有的时间也就应该短一些。在市场运行在趋势中时，有时尽管投资者预期到市场会出现某种逆势波动，实盘操作过程中宁可放弃这种交易机会也不能轻易进场。任何一个交易员都必须明白，在交易市场上逆势操作的危险性是高之又高的，违背了正确的"顺势而为"操作理念，一旦逆势操作又没及时改正的话，后果往往不堪设想。比如鱼儿，如果在水肥草丰的季节和区域寻食，显然很容易就可以吃到食物；而如果在草枯水瘦的地方和食物缺乏的季节里，鱼儿会因自身饥饿难耐而盲动，那么被钓鱼人诱捕也就显得很正常了。

谚语说："看大势者赚大钱。"哲人也说："取智不如取势。"更有古训"识时务者为俊杰"。每一位交易员都应该明白"势"的重要性，不了解宏观环境，思想见识如同井底之蛙被局限于一方天地，这样的交易员如何能做到"顺势而动"呢？有些事情别人觉得愚不可及，自己却乐此不疲；还有一些事情在经历过后回头去看，才发现如此荒唐可笑。在市场交易上，永远不能以一时的得失下定论，更不要盲目自大，以为自己已经掌握了长胜不败的法宝，随心所欲就能成功；因为每一个交易员，都必须是一个好的潜伏者，应该静静地、耐心地等待时机，不鸣则已，一鸣惊人。

作为一位职业操盘手，多年的市场经验告诉我一条真理：市场，只有正在运行着的市场，才能展示给我们真实无误的市场趋势，反映出其运行的真实方向、真实态势和真实特征。纷繁芜杂的市场趋势体现的只是一个简单的规律：上升就是上升，下跌就是下跌，赚钱的都是多头市场，赔钱的一般是空头市场。万物之始，大道至简，真理往往就在平常之处，就在我们伸手可触到的地方，就如同我们身边的阳光空气一样——它们是我们保持生命的最重要的基本因素，却又因为它们普通、平常和易得，以致很多人反而忽略了其存在的意义。

2. 顺势制订交易计划

市场行情千差万别，面对不同的市场状况，用千篇一律的操作方法不可能稳定获利，稳定赢利，必须依照市场趋势顺势制订相应的交易计划。

首先，需要识别市场的价格波动的性质，是处于趋势中还是处于形态中，只有识别市场价格波动的性质，才能采取相应的、行之有效的交易方法。简单来说，如果市场价格处于趋势中，那么，对应的交易方法就应该是顺势交易，即俗称的"追涨""买高卖更高"等，这类情况下的技术分析工具一般为趋势类工具；反之，如果市场价格处于形态中，那么，对应的交易方法就必须是逆市交易，即俗称的"高抛低吸""买低卖高"，这类情况下的技术分析工具一般是反映市场价格背离程度的指标类工具。

其次，我们需要明确自己所从事的交易的时间长短级别，因为时间级别不同，价格展现的性质也不同。比如，以30分钟为单位的时间级别的价格变化呈现为趋势，以交易周为单位的时间级别则可能呈现为形态。因此，每一位操盘手都需要明确自己交易的时间级别，只有明白了交易的时间级别，才可能知道自己对应交易思路的条件是什么，明白这些条件成立的标志是什么，这些条件被破坏的标志是什么，只有充分地、透彻地明白这些内容，才能有助于我们在交易目标、交易方法和风险控制等方面有更清晰、更精准的认知，才能帮助我们制定出应对策略。

第三，趋势与形态是市场变化的两种形式，但这两种形式并不是简单地、以固定的、单一的模式存在着的，相反市场价格变化常常是趋势与形态复杂的组合，我们只有使各种市场分析方法都围绕这一观念进行展开，才能有效地解决我们在实际交易中所遇到的诸多问题。

如果形容江河的奔腾东流是趋势，那么湖泊的安然娴静就可以是形态。老子曾说"上善若水，水善利万物而不争"，世人常常感叹"水往低处流"，投资大师谆谆告诫的是"价格往往沿最小阻力方向前进"……我们现在讨论的趋势和形态，其实就是圣人所说的境界和大师们常常叮嘱的运动常态。水善利万物，水往低处流，价格往往沿最小阻力方向前进……这种形态其实就是和谐，就是顺势，就是操盘手和投资者资本运作的最高境界。

3. 遵守纪律，完成计划

交易纪律是每一个操盘手和投资者在资本市场运作生存的最基本的保证和条件，但在实际的投机市场上，这一最基本的条件却也是最容易被投资操盘者所忽视的规则。

首先，我们谈谈交易纪律的重要性。在交易市场上，为什么"交易纪律"尤其重要？这是因为，对于交易员来说，交易纪律就如同汽车的刹车功能一样，是开车驾驶时不可或缺的工具，是在最关键的时刻控制风险并保住性命的重要因素；交易纪律能使交易员严格按照已经制订的交易计划执行，而不被盘中纷繁芜杂的"日间杂波"所迷惑，交易纪律促使交易员客观、理性地进行交易。

交易纪律能够保证我们远离存在的极端风险交易；交易纪律能够让我们避免沉沦于不利交易中而不能自拔；交易纪律能够使我们的交易计划得以贯彻执行，真正做到"知行合一"；交易纪律能够让我们以平静的心态进行理性交易；交易纪律能够让我们拥有对市场更精准的判断能力和市场感觉。

其次，我们谈谈交易纪律为什么最容易被人忽视。价差收入取得的表面特征容易使人们产生这样的心理误区：因为头寸方向和价格趋势变化的一致性是价差收入取得的前提，于是，部分交易员会想当然地把对未来价格趋势的预测当作市场交易中最重要的，甚至唯一的因素，在这一思想的指导下，交易员也就自然而然地会把自己绝大部分精力放在对未来价格趋势的预测上。但实际上，预测从本质来说只是一种概率游戏，优秀的预测者可以大概率地预测出比较精准的价格趋势，但归根结底却仍是一种概率，大的概率也只是提高了赢利的可能性，但在现实生活中，10次交易9次预测正确却最终亏损的交易者也大有人在，而其亏损的根本原因就是在交易中盲目推崇交易预测，忽略了对"交易纪律"的执行，从而失去了最基本的风险控制约束，一败涂地也就在所难免。

交易纪律，如果仅仅作为一项死的规则摆在那里，是没有丝毫用处的，就如同汽车上的刹车功能一样，我们配备了这项功能，司机在驾驶的过程中却没有养成使用这项功能的习惯，那再好的功能也形同虚设；交易也一样，不管如何优质的一套交易纪律是否摆在那儿，最重要的也是交易员必须养成执行交易纪律的良好操作习惯。

交易纪律为什么难以深入每个交易员的心底？这是因为交易纪律通常是和人性相矛盾的，人的天性是不愿意受束缚，而交易纪律恰恰是对人性的一种约束。惰性、侥幸、贪婪、逞强、自大、自由等都属于人的天性范畴，每个人会在潜意识中认为自己可以做别人做不了的事，别人需要遵守纪律而自己却可以随心所欲，或者对自己的交易行为总是心存侥幸，这些天性无时无刻不阻挠着人们对交易纪律的执行。

人的天性的另一面就是：做事情会下意识地只考虑好的一面，对不利的一面本能地不愿意承认，这种"鸵鸟心理"也确实能够带给人们心理愉悦或心理麻醉的效果。而在市场交易中，一些短线波动的随机性特征使市场交易活动似乎背离了交易纪律，这些看似失去了的市场机会的表面现象曾让无数交易员"后悔"，而实际上，交易纪律才是交易员最重要的法宝，交易纪律的铁血执行者才是能真正笑到最后的赢家。

作为一位职业交易员，我们必须让交易纪律流入血液，深入骨髓，与生命相融交汇。如此，我们才可以坦然地面对千变万化、波谲云诡的投资市场。

人生百态，而职业交易员最现实的选择只有以下两个。

一是要将交易视为自己生活中不可分割的一部分，规划自己交易生涯的前提就是规划好自己的生活；和谐的家庭生活、舒适的休闲空间、严格自律的作息都有助于净化我们的心灵，强健我们体魄，减缓我们的压力，平衡我们的生活，从而为我们的交易生涯助力。

二是要以正确的心态来看待生活。生活如同一面镜子，你对它微笑，它就会回报你微笑，不同的心态下看待同一事物往往会产生截然相反的结果；以乐观的心态面对生活的交易员，性情可能更豁达、通透，也更有机会抓住瞬息万变的市场上呈现的每一个机会。

机会是宝贵的，但在交易市场上，有很多交易员不顾市场的大趋势。他们看似为了把握市场上可能出现的"机会"，实际上却是走上了更危险的道路。未成熟的柿子都有涩味，如果你不到成熟期就去采摘它、品尝它，你就只能默默接受酸涩的难以忍受的结果。

谚语说"心急吃不上热豆腐"，任何事情，都有它的自然成熟期，你若没有足够耐心等待，急于求成，就会掉进"欲速则不达"的漩涡之中。

一位称职的交易员，在市场形势一片大好时肯定会勇猛果断，该出手时就出手；在市场形势萎靡时一定会谨小慎微，如履薄冰。获得良好交易绩效的最根本的因素就是改善内在心理状态，能够做到"心能转境而不被境所转"。

老子曰："上士闻道，勤而行之；中士闻道，若存若亡；下士闻道，大笑之，不笑不足以为道。"有哲人说：我们无法与井底之蛙谈论大海，那是因为它未曾离开过自己狭小的生活空间；我们无法与秋蝉谈论冰雪，那是因为它只有短暂的生命；我们无法与骄傲自满的人谈论人生智慧，那是因为他已经关闭了接纳智慧的大门。虽然我们无法如圣人先贤一样拥有睿智的思想和丰富的心灵，但每一位交易员都应该努力向哲人境界靠近：处于交易之中，行于交易之外。

致谢

因为我将正确的投资思维的构建作为主线，所以部分投资者可能会觉得本书中涉及的一些交易理念和交易技巧，有点晦涩难懂。需要感谢互联网时代给我们提供了可以一对一沟通的机会。

写作，是一个漫长的过程。本书从选题策划到写作完稿历时两年之久。由于操盘工作十分繁忙，其间写作一度陷入停顿。本书写作期间得到了许多亲朋好友、领导同事的热心帮助和大力支持。值本书出版之际，在此向他们表示最诚挚的感谢。

感谢清华大学出版社张尚国编辑的耐心指导。

感谢巨力集团年轻有为的吴昌纬先生。

感谢华科集团德才兼备的宋书选先生。

感谢我的爱人张晓杰女士。

最后，感谢本书的每一位读者，谢谢你们对我的信任和包容！

纪洪涛

2021 年 3 月 20 日